FASCISMO

COLEÇÃO HISTÓRIA NA UNIVERSIDADE – TEMAS

Coordenação
Jaime Pinsky e Carla Bassanezi Pinsky

Conselho
João Paulo Pimenta
Marcos Napolitano
Maria Ligia Prado
Pedro Paulo Funari

CIVILIZAÇÕES PRÉ-COLOMBIANAS • Alexandre Guida Navarro
ESTADOS UNIDOS NO SÉCULO XX • Flávio Limoncic
FASCISMO • João Fábio Bertonha
GUERRA DO PARAGUAI • Vitor Izecksohn
IGREJA MEDIEVAL • Leandro Duarte Rust
IMPERIALISMO • João Fábio Bertonha
INDEPENDÊNCIA DO BRASIL • João Paulo Pimenta
JUVENTUDE E CONTRACULTURA • Marcos Napolitano
PRÉ-HISTÓRIA DO BRASIL • Pedro Paulo Funari e Francisco Silva Noelli
REFORMA E CONTRARREFORMA • Rui Luis Rodrigues
RENASCIMENTO • Nicolau Sevcenko
REVOLUÇÃO FRANCESA • Daniel Gomes de Carvalho
ROTA DA SEDA • Otávio Luiz Pinto
SEGUNDA GUERRA MUNDIAL • Francisco Cesar Ferraz
UNIÃO SOVIÉTICA • Daniel Aarão Reis

Proibida a reprodução total ou parcial em qualquer mídia
sem a autorização escrita da editora.
Os infratores estão sujeitos às penas da lei.

A Editora não é responsável pelo conteúdo deste livro.
O Autor conhece os fatos narrados, pelos quais é responsável,
assim como se responsabiliza pelos juízos emitidos.

Consulte nosso catálogo completo e últimos lançamentos em **www.editoracontexto.com.br**.

João Fábio Bertonha

FASCISMO

HISTÓRIA NA UNIVERSIDADE – TEMAS

Copyright © 2025 do Autor

Todos os direitos desta edição reservados à
Editora Contexto (Editora Pinsky Ltda.)

Foto de capa
Benito Mussolini discursando em Roma, 1936
(fotógrafo não identificado)

Montagem de capa e diagramação
Gustavo S. Vilas Boas

Coordenação de textos
Carla Bassanezi Pinsky

Preparação de textos
Ana Paula Luccisano

Revisão
Heloisa Hernandez

Dados Internacionais de Catalogação na Publicação (CIP)

Bertonha, João Fábio
Fascismo / João Fábio Bertonha. – São Paulo: Contexto, 2025.
160 p. : il. (História na Universidade : Temas)

Bibliografia
ISBN 978-65-5541-599-5

1. Fascismo – História 2. Política e governo – História I. Título

25-3152　　　　　　　　　　　　　　　CDD 335.6

Angélica Ilacqua – Bibliotecária – CRB-8/7057

Índice para catálogo sistemático:
1. Fascismo

2025

Editora Contexto
Diretor editorial: *Jaime Pinsky*

Rua Dr. José Elias, 520 – Alto da Lapa
05083-030 – São Paulo – SP
PABX: (11) 3832 5838
contato@editoracontexto.com.br
www.editoracontexto.com.br

Sumário

Introdução ... 7

O fascismo italiano ... 11

O nazismo alemão ... 37

O fascismo no continente europeu ... 69

O fascismo fora da Europa ... 93

Afinal, o que é o fascismo? ... 115

Considerações finais ... 155

Sugestões de leitura ... 159

Introdução

"Fascista" é um termo que adquiriu um novo significado na atualidade, passando a ser sinônimo de autoritarismo, de oposição a certas pautas ou mesmo um tipo de comportamento. Em certo sentido, o mesmo foi feito com o termo "comunista", o qual passou a designar tudo o que desagrada a determinados grupos conservadores, desde a defesa do meio ambiente até a crítica à desigualdade social. Esses termos, ao final, deixam de ser conceitos, que servem para designar ideologias e práticas políticas delimitadas, para se tornarem adjetivos, cujo objetivo é basicamente encerrar qualquer discussão e atacar o adversário. Assim, passam a significar tudo e, ao mesmo tempo, nada.

Fascismo, no entanto, é algo específico e que pode ser delimitado com clareza, apesar de sua ampla heterogeneidade. Trata-se de um movimento ou regime anticomunista, antissocialista e antidemocrático que, a partir de um diagnóstico de crise nacional profunda, propõe medidas para a sua reversão, eliminando o liberalismo e a esquerda política, e implantando uma nova ordem. Com o fascismo no poder, surgiria um Estado orgânico e hierárquico, com base em uma liderança carismática e em um partido único, o qual serviria para mobilizar as pessoas, normalmente através da bandeira do ódio, em defesa dessa nova ordem. O fascismo não é conservador nem reacionário e tem uma perspectiva totalitária da sociedade, mas está integrado dentro do campo da direita política, tanto que, no decorrer da sua trajetória, esteve permanentemente em aliança, mas também em competição, com outros membros dessa família.

Este livro tem o objetivo de sair de generalizações e ampliar o definido brevemente no parágrafo anterior, delimitando com precisão o que foi o fascismo e, ao mesmo tempo, o que não ele não é. Compreende o fascismo como fenômeno histórico, nas suas origens, desdobramentos e heranças, focando claramente sua realidade vivida. Em outras palavras, o livro esclarece o que o fascismo pretendia e se dizia ser, mas, principalmente, o que ele foi no mundo real. Até por isso, a obra se centra no período do fascismo clássico, quando ele esteve no poder, sozinho ou em associação com outras forças, ou pareceu ser uma alternativa política real, especialmente na Europa e nas Américas.

A produção histórica a respeito do tema é imensa, escrita em dezenas de idiomas e disponível em inúmeros países. É impossível para um único historiador ler tudo o que já foi produzido e tentar escrever uma História do fascismo que dê conta de todos os aspectos, detalhes e questões. Minha intenção é apresentar ao leitor um quadro geral, um livro que sirva de base para que ele possa, no futuro, avançar nos seus estudos dentro de uma produção histórica absolutamente descomunal.

Dessa forma, o livro é uma introdução, sem a pretensão de incluir tudo ou discutir todas as facetas e todas as repercussões do fascismo nas sociedades em que esteve presente. Mesmo sendo uma introdução geral, contudo, precisa de questões centrais que o façam ter sentido. Uma delas é delimitar com clareza o que é o fascismo e mostrar em que difere de outros movimentos e grupos da direita, especialmente os conservadores e os reacionários. Tal diferença é explorada para explicar as razões de o fascismo adquirir relevância, e mesmo atingir o poder, em certos locais e não em outros.

Outra questão fundamental que o livro explora é identificar os pontos nevrálgicos da ideologia fascista, aquilo que todos os fascistas, em maior ou menor grau, defendiam e, ao mesmo tempo, os pontos de divergência. O fascismo, realmente, caracterizou-se por ter uma ideologia definida, alguns pontos básicos que permitiam, já nos anos 1920 e 1930, identificar os fascistas frente a outros grupos. Ao mesmo tempo, todos bebiam em tradições nacionais específicas e podiam divergir em alguns pontos-chave, levando a conflitos e disputas entre eles. Explorar o geral e o específico será algo contínuo neste livro.

Distinguir entre ideologia e prática também é uma questão importante, que leva a identificar não só o que os fascistas queriam e como eles se propunham a mudar a sociedade, mas, sobretudo, a entender como isso se deu na prática, na realidade e nas conjunturas específicas de cada país e de cada época.

Uma novidade deste livro é que ele não se restringe aos casos italiano e alemão, nem mesmo à Europa. Claro que esses dois países são examinados com cuidado, até porque foram os dois locais onde o fascismo se transformou em regime e teve a possibilidade real de mudar a sociedade, mas é limitado reduzir a experiência fascista apenas aos países nos quais ele assumiu o poder. Dessa forma, o livro apresenta o fascismo também nos outros países da Europa, incluindo os locais onde ele teve grande relevância, aqueles em que fez parte do Estado em posição mais ou menos subordinada e aqueles nos quais não saiu de um estado embrionário. O fascismo foi também um fenômeno que se espalhou para além das fronteiras europeias, com destaque para a América Latina. Nesse continente, aliás, tivemos a experiência do integralismo no Brasil, o maior movimento fascista fora da Europa. Observar o fascismo dentro do continente latino-americano, assim como na América do Norte e em outras partes do mundo, permite compreender o seu alcance global, bem como os seus limites.

Para dar conta dessas questões, o livro se organiza em cinco capítulos. Nos dois primeiros, são apresentados os casos da Itália fascista e da Alemanha nazista. Como, nesses casos, os fascismos efetivamente comandaram o Estado e a sociedade por muitos anos e tiveram oportunidade de imprimir a sua marca, o seu estudo não se restringe ao aspecto político. Aborda também o impacto desses movimentos no plano social, na cultura e na vida das pessoas, o que inclui o sistema repressivo, a propaganda e o cotidiano.

Nos dois capítulos seguintes, passamos ao fascismo na Europa e no resto do mundo. Neles, a multiplicidade dos fascismos inclui casos de sucesso e de fracasso, de modelos híbridos com as forças conservadoras, de idas e vindas em termos ideológicos e políticos. Certos casos europeus são destacados pela sua complexidade, como o da França, o de Portugal e, acima de tudo, o da Espanha. Já fora da Europa, o destaque fica com a América Latina e, especialmente, com o Brasil.

Um estudo mais amplo da ideologia e da prática política fascista é feito no capítulo 5. Se os capítulos anteriores se preocupam em mostrar a diversidade e a multiplicidade de casos, as perspectivas, os objetivos e os resultados, esse capítulo caminha na direção contrária, tentando apreender os pontos comuns e aquilo que diferenciava o fascismo como um todo das outras manifestações da direita radical e dentro da família mais ampla da direita.

Após essa caminhada, esperamos que o leitor seja capaz de identificar o que foi o fascismo, podendo, assim, posicionar-se com clareza frente a um fenômeno que marcou a história do século XX, levando a imensas tragédias humanas, e cujas heranças e desdobramentos ainda afetam o século XXI. Em nome do fascismo, muitos mataram e morreram, países foram destruídos e populações foram exterminadas. Mesmo assim, até hoje propostas fascistas têm apelo, pelo que é fundamental compreendê-las para poder refutá-las. Essa é a razão de ser deste livro.

O fascismo italiano

O *fascio* era um símbolo da antiga República Romana, portado pelos litores para sinalizar união e autoridade. No decorrer da história, seria utilizado por diversos grupos e movimentos, tanto de esquerda quanto de direita. Em 1914, Mussolini fundou os *Fasci d'Azione Rivoluzionaria* para defender a entrada da Itália na Primeira Guerra Mundial e, em 1919, batizou o seu movimento de *Fasci Italiani di Combattimento*, adotando justamente o *fascio* como símbolo, o que deu origem ao termo italiano *fascismo*. A partir daí, esse termo se espalhou pelo mundo, passando a definir outros movimentos e grupos com ideias afins às de Mussolini. Da mesma forma, a saudação romana, ou seja, o braço levantado em ângulo, seria uma invenção italiana inspirada na Roma Antiga que passou a ser usada pelos fascistas em todas as partes.

O *fascio littorio*, símbolo da República Romana que se tornou ícone do *Partito Nazionale Fascista*.

O fascismo italiano foi, portanto, o primeiro fascismo propriamente dito e, a partir do momento em que Mussolini assumiu o poder na Itália, em 1923, ele passou a ser, para todos os fascistas do mundo, fonte de inspiração e de estímulo. Além disso, o fascismo italiano deu ao fascismo em geral um conjunto de signos e propostas que acabaram por repercutir na Europa, nas Américas e em outras partes. A referência ao *fascio* e o emprego à saudação fascista exemplificam bem como uma experiência com sólidas raízes italianas acabou por se espalhar e fazer sentido em diversas partes do planeta. Sem Mussolini, os fascistas do mundo não teriam se identificado como tais, pelo que estudar a sua versão italiana é o primeiro passo para compreender o fascismo na sua totalidade.

AS ORIGENS INTELECTUAIS DO FASCISMO

O fascismo não nasceu do vácuo. Ele surgiu para dar conta dos problemas e das questões específicos do seu tempo, a saber, a grande crise política, econômica e social vivenciada pela Itália ao final da Primeira Guerra Mundial. Para elaborar um diagnóstico e apresentar uma solução para essa crise, o fascismo absorveu, dialogou com e *reelaborou* tradições intelectuais antigas europeias, especialmente as italianas.

De fato, os criadores do fascismo – e Mussolini em particular – combinaram de forma criativa propostas e diagnósticos, que já estavam em circulação há muito na cultura europeia e, especialmente, aqueles presentes na Itália desde pelo menos a Unificação do país, nos anos 1860, criando uma doutrina com pontos falhos e problemas em termos teóricos, mas coerente o suficiente para "oferecer uma resposta" aos óbices italianos naquele momento.

A ênfase no conceito de *reelaboração* nos permite entender como os fascistas puderam absorver algumas ideias oriundas da esquerda ou de movimentos conservadores para criar algo novo, que não era de esquerda nem conservador. Ou como o fascismo oscilou entre momentos de maior diálogo com um ou outro grupo. Dentre as várias correntes que ajudaram a criar o corpo teórico do fascismo, destacam-se três: o sindicalismo revolucionário, o futurismo e, acima de todas, o nacionalismo.

O sindicalismo revolucionário foi uma corrente de esquerda que influenciou diversos grupos e sindicatos entre o final do século XIX e início do século XX, especialmente no sul da Europa, na Argentina e nos Estados Unidos. Seus adeptos defendiam a primazia do sindicato na condução da luta social e a sua importância na construção de uma sociedade igualitária, em detrimento dos partidos e da conquista do poder político como instrumentos revolucionários. Propunha a organização autônoma dos trabalhadores nos sindicatos, a ação direta, via greves e outros movimentos, contra o capitalismo e o uso da violência, vista como justificada para construir uma sociedade melhor. Essa defesa da violência como instrumento político veio especialmente da obra do filósofo francês Georges Sorel (1847-1922), a qual seria depois absorvida e redefinida pelo fascismo.

O fascismo adaptou as propostas sindicalistas e revolucionárias, levando-as à direita. Se, em Sorel, usar métodos violentos para destruir a opressão capitalista era algo aceitável e até desejável, o fascismo justificou o inverso, ou seja, a violência seria empregada para defender a ordem capitalista, ainda que um capitalismo reordenado e disciplinado pelo que chamava de "interesse nacional". O fascismo fez o mesmo roteiro com outros princípios, como a valorização do sindicato. No fascismo, o sindicato, transmutado nas corporações, passava a ser um instrumento para a ordem social e o reforço do sentimento nacional, controlando e disciplinando os operários (e deixando para trás as propostas de ele ser a base de uma sociedade livre do capitalismo).

Dessa forma, é possível afirmar que o fascismo na sua versão italiana teve uma das suas bases ideológicas na esquerda, o que é um diferencial frente a outros fascismos nos quais essa relação não existiu, como no caso do nazismo. Ainda assim, é importante ressaltar que isso não significa que o fascismo tenha sido um movimento de esquerda, pois as reelaborações feitas da doutrina sindicalista-revolucionária e mesmo da socialista pelo fascismo eliminaram a sua essência, adaptando-as para uma plataforma de direita. O mesmo aconteceu no tocante ao futurismo.

O futurismo é uma corrente estética, com ramificações na pintura, na literatura, na música e em outras formas de expressão artística, do início do século XX. Apesar de ter repercussões em vários países do mundo (como França, Rússia e Brasil, entre outros), a sua origem foi a Itália, onde o primeiro manifesto futurista foi publicado em 1909, e seu principal intelectual foi Filippo Tommaso Marinetti (1876-1944).

Os futuristas defendiam, acima de tudo, um rompimento com o passado e a adaptação da arte ao mundo do século XX, permeado pelas inovações tecnológicas e pela aceleração da história. Os futuristas desejavam se livrar dos limites da tradição e experimentar novas formas estéticas, nas quais incorporariam o caos das grandes cidades, a nova era industrial e o novo homem surgido da modernidade. Ao mesmo tempo, desde cedo, o futurismo elaborou propostas políticas com vista a modernizar a Itália, como a instauração da República e o rompimento com a tradição católica. Os futuristas valorizavam a velocidade, expressa, por exemplo, nos automóveis e nos aviões, e identificavam na guerra a possibilidade de renovar o mundo e a arte: a guerra seria a grande higienizadora do homem e da sociedade, destruindo o mundo antigo e permitindo a emergência do novo. O fascismo absorveu algumas propostas futuristas, selecionando quais seriam adequadas e quais deveriam ser esquecidas. Nenhuma influência, contudo, foi mais importante para a construção da ideologia fascista do que a dos nacionalistas.

O nacionalismo se institucionalizou na Itália em 1910, quando o importante intelectual e político Enrico Corradini (1865-1931) fundou a *Associazione Nazionalista Italiana* e, no ano seguinte, o jornal *L'Idea Nazionale*. Os nacionalistas defendiam a guerra como forma de regeneração nacional, a expansão colonial na África, e que o "interesse nacional" deveria ser a prioridade absoluta do Estado e dos indivíduos. Eles se colocavam em oposição ao internacionalismo da esquerda e ao individualismo dos liberais, e propunham um regime autoritário como forma de fortalecer a nação, eliminar as discordâncias e as dissidências internas, e prepará-la para a luta no cenário internacional.

Os nacionalistas não propunham o fim do capitalismo nem a destruição da ordem constituída, mas aceitavam que os trabalhadores tivessem alguns direitos e melhores condições de vida, até porque, segundo eles, a nação precisava de bons soldados e trabalhadores bem-dispostos. Eles defendiam, nesse sentido, o que chamavam de "socialismo nacional", ou seja, um tipo de Estado em que alguns direitos sociais seriam concedidos à população e no qual o coletivo deveria ser mais importante do que o interesse individual. Além disso, os projetos imperialistas do Estado seriam prioritários. Esse nacionalismo, portanto, distinguia-se do nacionalismo como "religião cívica" proposto pelos liberais e, também, do socialismo nos moldes da esquerda intrinsecamente ligados ao questionamento da ordem constituída e do capitalismo.

Vários temas caros ao fascismo apareceram primeiramente dentro do nacionalismo, como a necessidade de preparar a nação para a guerra e a conquista imperial, de forma a que a Itália pudesse ter o seu *posto al sole* (lugar ao sol). Foram também os nacionalistas italianos que conceberam a ideia da Itália como uma "nação proletária" e consideraram que a luta entre as nações era muito mais importante que a luta de classes. Por fim, o nacionalismo fez uma associação da política externa com a interna que o fascismo depois retomaria: a nação tinha que "garantir a sua coesão interna" e, para isso, o Estado tinha que ser autoritário (guiado por uma elite nacionalista), garantindo a vitória na guerra eterna pela supremacia mundial. Ao mesmo tempo, um estado de guerra permanente serviria para "purificar a nação dos seus inimigos" (como os liberais e os socialistas) e justificar o autoritarismo.

Os nacionalistas estavam tão próximos do fascismo que suas milícias chegariam a combater lado a lado com os fascistas nas lutas de rua contra a esquerda e os movimentos sociais em 1919-21 e, em 1921, a *Associazione Nazionalista Italiana* simplesmente se incorporou ao *Partito Nazionale Fascista*. A partir daí, eles formaram a ala mais tradicionalista e conservadora do fascismo, em oposição à ala mais radical.

Vários fascistas vindos do nacionalismo eram defensores da monarquia, da ordem constituída e do Estado tradicional, ainda que em formato autoritário. Para eles, ao conquistar o poder e formar um novo Estado autoritário e nacionalista, o fascismo já teria cumprido sua missão histórica.

Já a ala mais radical do fascismo defendia a mobilização das massas populares e mudanças maiores na sociedade, de modo a realmente revolucionar a Itália, eliminando as elites tradicionais, a serem substituídas por uma nova, fascista.

Mesmo a violência era pensada de maneira diferente pelas duas alas: os nacionalistas não viam problemas em usá-la para reprimir aqueles considerados inimigos da nação e para conquistar o Estado e outros povos. Já os fascistas a viam não apenas como um instrumento, mas também como uma forma de vida, como um alicerce fundador da "nova Itália". Enfim, o fascismo absorveu as propostas nacionalistas, mas as alterou, e disciplinou seus adeptos, integrando-os no novo regime.

O fascismo, portanto, não surgiu do nada, teve influências e origens ideológicas precisas, produzidas em décadas de história social e política italiana e europeia. Ele não foi simplesmente, como visto, a soma dessas correntes, mas uma reelaboração delas em algo novo, em uma ideologia e em um movimento político capazes de lidar com a realidade italiana, e a sua crise, no período posterior ao fim da Primeira Guerra Mundial, em 1918.

A ITÁLIA LIBERAL E SUA CRISE (1918-22)

Em 1918, a Itália, apesar de estar entre os vencedores do conflito, passou por uma crise social, política e econômica semelhante à dos derrotados. Mais de 600 mil soldados italianos haviam morrido em combate e muitos mais tinham sido feridos. A economia italiana, dependente de carvão e de outras matérias-primas importadas, havia sustentado o país na guerra, mas apenas graças a um imenso apoio financeiro dos Aliados, especialmente da Grã-Bretanha e dos Estados Unidos. Com o fim das hostilidades, esses auxílios praticamente cessaram e havia dívidas imensas a serem pagas. Milhões de soldados e trabalhadores na indústria bélica se viram desempregados, a inflação e a pobreza explodiram e a crise econômica se converteu de imediato em uma social. Entre 1919 e 1920, os operários e os camponeses fizeram greves, ocuparam fábricas e propriedades agrícolas e se mobilizaram intensamente em defesa dos seus interesses.

O Estado liberal italiano teve dificuldades em responder a esses desafios. As forças policiais e militares foram utilizadas de imediato para conter e reprimir as classes subalternas, mas a classe média e as elites consideravam ser isso insuficiente. Para completar o cenário, o *Partito Socialista Italiano* (PSI), tradicionalmente reformista desde a sua fundação em 1892, começou a avançar em direção a posições mais radicais e se tornou o maior partido no Parlamento em 1921. No mesmo ano, foi fundado o *Partito Comunista d'Italia*. Dizer que havia uma revolução em curso é provavelmente exagerado, mas a sensação geral, entre as elites, era de que a situação no país estava saindo do controle.

As reações logo vieram. Proprietários de terras começaram a armar milícias, normalmente formadas por ex-combatentes. Membros da elite econômica apoiaram financeiramente nacionalistas e outros grupos de direita para agirem contra a esquerda. O Estado também os apoiou, seja fornecendo armas, seja não respondendo à violência aberta que empregavam contra sindicatos, líderes operários e associações de esquerda. Os católicos conservadores também se organizaram, pela primeira vez na história italiana, como um partido, e o *Partito Popolare Italiano* se tornou, nas eleições de 1921, o segundo maior do país.

Os antigos partidos liberais e conservadores perdiam terreno e o sistema liberal era questionado por todos os lados. Nesse cenário, Benito Mussolini fundou, em 23 de março de 1919, os *Fasci Italiani di Combattimento*, iniciando a história do fascismo na Itália.

BENITO MUSSOLINI E O FASCISMO

A trajetória pessoal de Benito Mussolini (1883-1945), entre 1914 e 1923, é indicativa das contradições, de idas e vindas que marcaram a fundação e o desenvolvimento do fascismo. Mussolini, obviamente, é a figura central a ser estudada neste capítulo, mas acompanhar as suas origens e decisões no período entre o nascimento do fascismo e o momento em que ele se define ideologicamente, em 1921, com a *svolta a destra* (caminhada à direita), é entender os caminhos do movimento fascista nos seus inícios.

Mussolini nasceu em uma área tradicionalmente de esquerda na Itália, a Emilia-Romagna, filho de um ferreiro socialista, e, seguindo os passos do pai, filiou-se ao PSI já em 1900. Teve intensa atividade sindical e militância socialista, destacando-se por seu anticlericalismo e pela oposição à invasão da Líbia pela Itália em 1911. Também desenvolveu uma atividade jornalística marcante, escrevendo para inúmeros jornais socialistas da Itália e do exterior. Em 1914, posicionou-se contrário à entrada da Itália na Primeira Guerra Mundial.

Até então, a trajetória de Mussolini era a de um militante socialista bastante atuante. Ao final de 1914, contudo, ele mudou de posição e se transformou. Em poucos meses, aquele militante socialista contrário à guerra se tornou um defensor intransigente da participação italiana no conflito e acabou sendo expulso do PSI. As causas dessa transformação ainda são pouco claras. Há sinais de que o dinheiro dos grandes industriais e, especialmente, do serviço secreto francês, foi crucial para fazer Mussolini mudar de lado na luta política, tanto que foi com esses recursos que ele fundou o seu próprio jornal, o *Il Popolo d'Italia*, em 15 de novembro de 1914. Ou talvez ele tenha simplesmente se decepcionado com as propostas da esquerda e feito um giro de 180 graus na sua orientação política. O fato evidente é que, a partir desse momento, ele passa a caminhar para a direita, deixando para trás a filosofia política da esquerda.

Já no final de 1914 e no início de 1915, ele se associou aos nacionalistas, colaborando na fundação dos *Fasci d'Azione Rivoluzionaria* e na campanha para a entrada da Itália na guerra. Quando isso se deu, em 23 de maio de 1915, ele se incorporou ao Exército, lutando por dois anos na linha de frente, sendo ferido em combate. Ao ser dispensado, em junho de 1917, retomou a campanha em favor da guerra, recebendo novamente financiamento dos industriais italianos e dos Aliados. O socialista havia dado lugar a um nacionalista revolucionário, inimigo da democracia liberal, mas a favor das grandes corporações.

Em 23 de março de 1919, surgem os *Fasci Italiani di Combattimento*, reunindo nacionalistas, ex-combatentes, futuristas e sindicalistas revolucionários. No início, seu programa ainda era indefinido, mesclando propostas diversas da esquerda e da direita, mas logo o direcionamento direitista se impôs; começaram choques e conflitos de rua de seus militantes com os socialistas. Em 1920, com o surgimento das *squadre d'azione*, milícias armadas do fascismo, este se tornou o grande instrumento de ação das elites e das classes médias preocupadas com a agitação social. Por toda a Itália, fascistas uniformizados passaram a atacar socialistas, sindicatos, trabalhadores urbanos e rurais e, nesse processo, receberam apoio financeiro e logístico das elites e do Estado.

Os partidos liberais e conservadores também facilitaram a participação fascista nas eleições, em listas conjuntas. No entanto, os resultados eleitorais fascistas nas eleições de 1919 foram pífios, o que levou Mussolini a explicitar ainda mais sua orientação de direita, de forma a absorver o eleitorado e o apoio dos conservadores. Em 1921, o fascismo já pode ser definido como um movimento plenamente de direita, com Mussolini deixando totalmente para trás a sua militância na esquerda. Em 9 de novembro de 1921, os *Fasci Italiani di Combattimento* se converteram, formalmente, no *Partito Nazionale Fascista* (PNF).

O fascismo continuava a pregar a revolução, mas em um sentido contrarrevolucionário: seriam criados um novo Estado e uma nova sociedade, nacionalistas, mas nos quais o capitalismo e as antigas elites manteriam o seu poder. A luta de classes seria substituída pelo corporativismo e pela luta entre as nações, e a bandeira da igualdade entre os homens seria esquecida em favor da valorização da hierarquia e da conquista imperial de outros povos. A Igreja e a Monarquia, antes inimigas, começaram a ser vistas com um olhar positivo. A "nação", nos termos fascistas, tomou o lugar da classe como "motor da história".

Outros sinais dessa transformação vão além da ideologia e devem ser buscados na luta social. A base social fascista se alterou nesses anos, atraindo pequenos proprietários, membros da classe média, ex-combatentes e outros grupos, enquanto militantes de esquerda e operários se afastaram do movimento. Ao mesmo tempo, o dinheiro da grande burguesia italiana e dos proprietários de terras começou a fluir cada vez com mais força para os cofres fascistas, e a classe dirigente italiana começou a olhar para o fascismo como um interlocutor político aceitável. Em 1922, entretanto, ninguém poderia prever que o fascismo chegaria tão rápido ao poder e ficaria 20 anos no comando do Estado.

A CONQUISTA DO PODER

Nas eleições de 1921, os resultados eleitorais fascistas já se mostraram mais expressivos, com a conquista de 35 cadeiras no Parlamento. Mesmo assim, os partidos liberais ainda tinham uma boa votação, enquanto socialistas e católicos eram as forças predominantes no sistema político. A perspectiva de chegar ao poder pela via eleitoral, portanto, era reduzida e as milícias fascistas não tinham a força necessária para um golpe de Estado, especialmente se o Exército ficasse com o governo. Muitos fascistas também temiam, nesse período, que seu momento poderia ter passado. Se e quando as lutas sociais no campo e na cidade fossem controladas e as classes dirigentes não precisassem mais da violência das milícias fascistas para controlar a esquerda e a agitação social, os fascistas não seriam simplesmente descartados?

Dentro do movimento fascista, a tensão entre uma via legalista, ou seja, que queria chegar ao poder por meios legais, e uma insurrecional, que preferia o uso da força, estava presente desde o início, mas se exacerbou em 1921-2. Mussolini e a liderança fascista preferiam a primeira, mas ameaçavam continuamente com a segunda. Já a base fascista, formada pelos esquadristas, optava pela violência, e seus ataques a socialistas, operários e outros "inimigos" continuavam por toda a Itália. Por sua vez, o governo italiano, guiado pelos liberais, continuava indeciso, temendo por vezes, mas não agindo contra as ações esquadristas.

No final de outubro de 1922, Mussolini lançou a Marcha sobre Roma. No dia 27 desse mês, manifestantes fascistas ocuparam prédios públicos e outros espaços em diversas cidades italianas, enfrentando pouca reação das forças do Estado. No dia seguinte, eles seguiram para a capital. O rei Vittorio Emanuele III então recebeu, do comandante militar de Roma, um decreto que promulgava o estado de sítio; o Exército teria plenas condições de reprimir os fascistas. Mas o monarca se recusou a assiná-lo e, no dia 29, convidou Mussolini para formar e liderar um novo governo. Em 31 de outubro de 1922, Mussolini se tornou primeiro-ministro da Itália.

Mussolini como líder da Marcha sobre Roma, em 1922. (Fotógrafo não identificado)

O fascismo, dessa forma, não chegou ao poder pela força nem pela via eleitoral, mas por uma opção do rei e das elites tradicionais, que cederam à ameaça feita por Mussolini e seus adeptos de usar a força. Em tese, parecia uma escolha que daria bons frutos: no poder, o fascismo completaria o processo de "normalização" do país, controlando a esquerda e a agitação social, e se moderaria, desmobilizando suas milícias. Pouco a pouco, ele se converteria em mais um partido conservador como tantos outros e seria absorvido no sistema político italiano. O grande erro nessa avaliação é que os fascistas e Mussolini não estavam dispostos a seguir esse *script* e, por um período de cerca de três anos, eles trabalharam para destruir o Estado liberal italiano e estabelecer a ditadura.

Mussolini, nos seus primeiros anos no comando da Itália, era apenas o presidente do Conselho de Ministros, com poderes regulados pela Constituição. Dos 13 ministros que compunham o gabinete, apenas 3 eram fascistas; os outros eram católicos, liberais ou independentes. No entanto, ele utilizou seu poder para aumentar cada vez mais seu espaço e sabotar o Estado liberal: fez uma reforma escolar, aprovou leis em favor dos ex-combatentes e alterou a legislação eleitoral de forma a beneficiar o PNF. Ainda mais importante, seu governo legalizou as milícias fascistas, que então formaram a *Milizia Volontaria per la Sicurezza Nazionale* (MVSN) em 1923. Por um lado, essa legalização foi feita para tranquilizar setores conservadores preocupados com a violência desenfreada dos esquadristas e para controlar os intransigentes dentro das próprias fileiras fascistas. Por outro, ela deu legitimidade à violência miliciana e acirrou o clima de intimidação e medo. Nesse cenário, nas eleições no início de 1924, o PNF e seus aliados conseguiram maioria absoluta no Parlamento.

Essa vitória eleitoral foi questionada e, em 30 de maio de 1924, o deputado socialista Giacomo Matteotti (1885-1924) a denunciou como fraudulenta em discurso na Câmara dos Deputados. Em 10 de junho, ele foi raptado em casa e assassinado por esquadristas fascistas comandados por Amerigo Dumini (1894-1967). Esse assassinato causou comoção na Itália e quase fez o governo Mussolini cair. Na segunda metade de 1924, a oposição se retirou do Parlamento em protesto e apelou ao rei para que ele demitisse Mussolini. Ao mesmo tempo, setores radicais do PNF e da MVSN pressionavam Mussolini para que ele desse um golpe de Estado e eliminasse de uma vez o Estado liberal. Mussolini, contudo, foi capaz de acalmar a situação. De um lado, fez expulsar do partido aqueles que queriam uma solução de força e recuperou o seu controle sobre este. De outro, reforçou a sua aliança com as elites tradicionais e com o rei, que resolveram manter seu apoio.

Diante de evidências de que sua posição era precária, Mussolini agiu para garantir e mesmo aumentar seu poder. Entre 1925 e 1926, diversas leis (chamadas de *leggi fascistissime*) foram promulgadas, as quais, em essência, acabariam com o Estado liberal italiano. Foram proibidos todos os partidos políticos, com exceção do fascista. Os líderes e boa parte dos militantes dos partidos antifascistas sofreram represálias; muitos foram assassinados ou presos, como aconteceu, por exemplo, com o líder e teórico comunista Antonio Gramsci (1891-1937). Vários tiveram que fugir da Itália e tentaram reconstruir a luta antifascista fora das fronteiras italianas: em diversos países onde havia colônias consistentes de imigrantes italianos foram fundados grupos antifascistas e os partidos de esquerda (como o socialista e o comunista), além dos grupos anarquistas, ganharam força, especialmente na França, na Bélgica e na Argentina, mas também houve núcleos de resistência nos Estados Unidos, no Brasil e em outros países. Na Itália, os antifascistas nunca chegariam a ser realmente uma ameaça ao regime fascista, mas se tornariam forças políticas importantes, a partir de 1945.

As novas leis apoiadas por Mussolini também vetaram a formação de qualquer associação sem a permissão do Estado, suprimiram a liberdade de opinião, imprensa e manifestação, e reforçaram o sistema repressivo. Dessa forma, foi implantada a pena de morte, foram dados novos poderes à polícia para controlar e vigiar os italianos e instituiu-se um novo tribunal, o *Tribunale Speciale per la Difesa dello Stato*, para julgar crimes políticos. Elas também reforçaram o poder do Executivo, que praticamente determinava o que o Parlamento poderia discutir e votar, e reforçaram o controle central sobre municípios e regiões.

Em 24 de dezembro de 1925, uma nova lei marcou a transição autoritária: Mussolini deixou de ser o presidente do Conselho de Ministros, ou seja, o primeiro entre os ministros, dependente do Parlamento, e passou a ser primeiro-ministro, nomeado pelo rei e responsável somente frente a ele. A partir desse momento, o termo *Duce* (líder), que foi usado anteriormente apenas pelo PNF para se referir a Mussolini, começa a ser de uso comum na propaganda do regime e no dia a dia dos italianos. Menos de três anos depois de chegar ao governo da Itália, Mussolini se tornava o seu ditador, com apoio e sustento da Monarquia e das elites italianas.

O ESTADO FASCISTA

O novo Estado que surgiu em 1926 e que, apesar de sofrer modificações, durou até 1943, nunca superou a sua essência contraditória e dual. Havia dois grandes movimentos dentro do Estado italiano naqueles anos, os quais iam a direções contrárias. Como resultado, o Estado fascista sofria tensões internas de monta: por um lado, o fascismo nunca conseguiu superar a força das elites tradicionais que comandavam o Estado italiano desde a Unificação. A burguesia industrial, os grandes proprietários de terras e a elite militar e burocrática receberam benesses do regime fascista, absorveram, em boa medida, os seus ideais e o apoiaram, mas mantiveram um nível elevado de autonomia e seus interesses próprios.

A Igreja Católica e a Monarquia, da mesma forma, aliaram-se com os fascistas, especialmente depois que eles abandonaram o tom anticlerical e antimonárquico dos seus inícios. A Igreja Católica, em especial, recebeu benefícios políticos e financeiros substanciais para assinar o Tratado de Latrão com o regime em 1929, resolvendo décadas de impasse entre o Estado italiano e o Vaticano. Mesmo assim, apesar de se aliarem com os fascistas, essas instituições desconfiavam das suas pretensões totalitárias e procuraram, dentro do possível, garantir seus espaços de poder. A Igreja, por exemplo, empenhou-se em manter suas escolas e outras instituições educativas, o que levou a atritos com o regime.

Para essas forças, o ideal seria que o regime seguisse um viés "normalizador", caminhando na direção de uma ditadura autoritária, tradicional. Nesse cenário, Mussolini continuaria a comandar a Itália, mas sempre com o papa e o rei ao seu lado, e o PNF seria completamente anulado pelas forças tradicionais do Estado: as suas milícias, o seu serviço exterior (os *fasci all'estero*) e instituições, como a *Camera dei Fasci e delle Corporazioni*, seriam extintos ou assumiriam funções decorativas. Também se abandonariam pretensões de mobilizar os italianos em defesa do regime; a repressão seria reduzida ao mínimo necessário para controlar a oposição, especialmente de esquerda; e o recurso à guerra na política externa italiana só seria utilizado quando houvesse reais oportunidades de expansão imperial, sem valorizar a guerra em si mesma. A Itália permaneceria como uma ditadura, mas sem pretensões totalitárias, muito parecida àquela estabelecida por Francisco Franco na Espanha após 1939. A ala mais conservadora do PNF, vinda do nacionalismo, concordava em linhas gerais com esse encaminhamento.

Para os integrantes da ala mais radical do partido, por outro lado, essa perspectiva não era aceitável. No cenário descrito, eles não teriam praticamente nenhuma função e, com o tempo, poderiam ser tranquilamente alijados do poder, perdendo empregos, influência e espaço. Além disso, esse setor do partido tinha sua própria forma de conceber o Estado e a sociedade, e queria que isso fosse aplicado na Itália: a Monarquia deveria ser abolida, assim como os últimos restos do Estado liberal, enquanto a Igreja teria o seu papel restrito em uma Itália essencialmente laica. A elite fascista, "forjada no amor à pátria e no sacrifício" como propagava, teria muito mais direito ao comando da sociedade do que a antiga elite burguesa e tradicional e, portanto, a substituiria nos postos de comando. O capitalismo e a propriedade privada seriam mantidos, mas sob o dirigismo estatal, ao mesmo tempo que o Exército seria substituído pela MVSN e o PNF acabaria por se tornar o Estado, revolucionando-o. O partido seria ainda a base da sociedade, mobilizando-a de alto a baixo, criando um "novo homem" e um "novo italiano", com pessoas prontas para "os sacrifícios demandados pela nação", para a conquista imperial e para a guerra. Ao fim, a Itália chegaria ao totalitarismo, ao controle total do Estado sobre a sociedade e à adesão total dos italianos à nova ordem.

A Itália de Mussolini ficou no meio do caminho entre essas perspectivas. Em parte, por uma decisão do próprio Mussolini, o qual temia dar poder excessivo ao partido, mas também hesitava em enfraquecê-lo em demasia, preferindo concentrar o poder em si próprio. Afinal, se o PNF não existisse, não haveria motivos para o *Duce* continuar no comando e, se o partido se tornasse excessivamente forte, outra liderança poderia substituí-lo. O motivo central para o impasse, contudo, foi o equilíbrio de poder estabelecido entre os fascistas e as forças tradicionais: um lado não se sentia seguro de que venceria o outro, e preferiu-se uma coabitação avaliada como benéfica para todos, quadro que só se mudaria em 1943.

Dessa forma, temos uma situação de relativo equilíbrio, ainda que com idas e vindas. Nos anos 1920, por exemplo, o Estado predominou sobre o partido, os ímpetos radicais dos fascistas mais intransigentes foram controlados e contidos e o PNF perdeu protagonismo. Na segunda metade da década de 1930, porém, a balança pendeu para o totalitarismo. Na maior parte do tempo, contudo, o Estado acabou por triunfar sobre o PNF, pelos motivos já expostos. A MVSN, por exemplo, apesar de grandes esforços para adquirir poder, especialmente durante as várias guerras fascistas entre 1935 e 1945, ficou sempre na sombra do Exército. A polícia, o sistema judicial, a máquina burocrática e outros órgãos do Estado também foram fascistizados, no sentido que receberam pessoal nomeado pelo PNF e incorporaram alguns ideais fascistas, mas não a ponto de perderem as suas autonomias. Mesmo assim, o peso do Estado e das forças tradicionais não foi suficiente para eliminar as pretensões totalitárias do regime.

O sistema de poder fascista, dessa forma, era caótico e confuso, e o próprio Mussolini jogava com isso para se tornar uma figura imprescindível e permanecer como ditador. Os órgãos do Estado disputavam poder, orçamento e influência com os seus equivalentes no partido, e havia frequentemente duplicidade de funções, o que levava a intensas disputas por prerrogativas. Não era incomum figuras destacadas do partido assumirem funções no Estado, ou generais, diplomatas e altos funcionários se filiarem ao PNF para ascenderem na carreira. Com tantos órgãos e líderes em disputa, chantagem, corrupção e jogo de influências constituíam a regra. O fascismo se proclamava um Estado mais eficiente do que o liberal, mas, na realidade, ele apenas transferiu as disputas políticas e sociais para outro espaço.

A QUEDA DO FASCISMO E A *REPUBBLICA SOCIALE ITALIANA*

No final dos anos 1930, o braço de ferro do fascismo com a Monarquia e as forças tradicionais parecia se acirrar, ainda que o resultado não estivesse claro. O bloco de poder que havia sustentado o regime por tantos anos estava com rachaduras, até porque a aproximação de Mussolini com Hitler dava força aos mais radicais no partido. As leis raciais de 1938, discriminando os judeus italianos, e a própria aproximação com a Alemanha nazista eram emblemáticas desse novo momento político, pois essas iniciativas do regime desagradaram ao menos parte das elites italianas. No entanto, como esse bloco havia se mantido sólido por duas décadas e contemplava os interesses essenciais dos seus vários componentes (especialmente, a manutenção da ordem social), ele poderia continuar funcional ainda por muito tempo.

A entrada da Itália na Segunda Guerra Mundial, contudo, ampliou as divergências e levou a um impasse. Muitos fascistas viam, na aliança com a Alemanha e na vitória na guerra, a oportunidade de recuperar o ímpeto revolucionário que o fascismo parecia haver perdido. O próprio Mussolini provavelmente também imaginou que uma vitória italiana na guerra reforçaria ainda mais o seu próprio poder. O problema é que a Itália foi derrotada em praticamente todas as batalhas em que entrou e, em 1943, a situação se tornou crítica: o Exército italiano recuava em todas as frentes, a população civil sofria carência generalizada de produtos, o país estava sendo bombardeado pelos ingleses e americanos e eles, após conquistarem o Império Italiano na África, invadiram o próprio território italiano, na Sicília. O fascismo e o próprio Mussolini começaram a ser questionados dentro da Itália e passaram a ser vistos como os responsáveis por conduzir o país para a destruição.

As elites italianas, nesse momento, reconheceram que a guerra estava perdida e temiam que não apenas o próprio Estado italiano fosse destruído, como também que a esquerda e as forças populares, tão duramente reprimidas durante 20 anos, adquirissem nova força e legitimidade. A solução seria fazer um acordo com os ingleses e americanos, os quais também temiam o caos e o predomínio da esquerda na Itália. A Igreja, a Monarquia, o Exército e mesmo alguns fascistas mais conservadores, como Luigi Federzoni (1878-1967) e Dino Grandi (1895-1988), reconheceram então que era fundamental remover Mussolini do poder e eliminar o fascismo, abrindo caminho para um acordo com Washington e Londres de forma a salvar o possível. Assim, o ano de 1943 viu uma intensa movimentação entre o Vaticano, a Casa Real, o Exército e os fascistas fiéis ao monarca para destituir Mussolini.

Na noite entre 24 e 25 de julho de 1943, em uma reunião do Grande Conselho fascista, Dino Grandi apresentou uma moção pedindo para Mussolini se retirar de cena e passar o comando das Forças Armadas e do Estado para o rei, sendo ela aprovada por ampla maioria. Essa moção não tinha nenhum valor legal, mas era um sinal claro da perda de comando por Mussolini dentro do próprio partido e um acontecimento que induzia o rei a agir.

No dia 25 de julho, ao se reunir com o rei, Mussolini foi comunicado de sua substituição, como chefe do governo, pelo marechal Pietro Badoglio (1871-1956) e foi preso pelos *carabinieri*, força de polícia leal ao monarca. O PNF e todas as suas organizações e associações, incluindo a MVSN, foram oficialmente extintos. O novo governo se declarou pronto a continuar na guerra, mantendo os acordos com a Alemanha. Na verdade, contudo, ele já estava em negociações com os Aliados e, em 8 de setembro de 1943, a Itália assinou o armistício.

A Alemanha não aceitou a situação: tropas alemãs ocuparam a Itália e Mussolini foi libertado da prisão por paraquedistas alemães em 12 de setembro de 1943. O rei Vittorio Emanuele III fugiu para o sul da península e instalou um governo nas áreas ocupadas pelos Aliados. Já Mussolini criou, na parte sob o controle alemão, a *Repubblica Sociale Italiana* (RSI), que duraria até a derrota final do Eixo e o assassinato do *Duce* por parte dos *partigiani* (resistentes) italianos, em 28 de abril de 1945.

Durante sua existência, a RSI foi um Estado dependente da Alemanha, que saqueou os recursos econômicos das áreas sob o seu controle, exerceu uma feroz repressão contra a população civil e colocou centenas de milhares de soldados italianos em campos de prisioneiros. A Alemanha chegou mesmo a anexar alguns territórios do nordeste italiano que, antes de serem da Itália, haviam pertencido ao antigo Império Austro-Húngaro.

Mesmo assim, com a RSI, Mussolini e o fascismo italiano conseguiram se manter de certa forma. O Estado foi reconstruído, incluindo os vários ministérios e as Forças Armadas, as quais obedeciam ao comando alemão. O partido fascista também ressurgiu das cinzas, com o nome de *Partito Fascista Repubblicano*, juntamente a uma nova milícia, a *Guardia Nazionale Repubblicana*, e outros órgãos e associações.

O período em que a RSI esteve em vigor foi um momento em que o fascismo radical dava as cartas, acentuando-se a pretensão totalitária, a violência generalizada e o antissemitismo. O *Partito Fascista Repubblicano* assumiu de maneira explícita um tom profundamente antimonárquico, republicano e anticlerical. Reforçou-se a proposta corporativa, de controle da propriedade individual e do capitalismo pelo Estado. Seu programa se aproximava das pretensões totalitárias do nazismo, e também resgatava temas e questões do "fascismo original", de 1919. O esquadrismo dos anos iniciais foi recuperado e os fascistas agiram com extrema brutalidade contra os *partigiani* e também contra a população civil italiana. A RSI, contudo, nunca deixou de ser um Estado satélite da Alemanha e se dissolveu com a derrota desta em 1945.

FASCISMO E SOCIEDADE

Durante os 20 anos em que o regime fascista esteve no poder na Itália, foi feito todo um esforço para demonstrar a adesão plena e absoluta dos italianos a ele. Segundo os ideólogos fascistas, o fascismo seria a cristalização e a realização plena de valores e desejos do povo e da nacionalidade italianos e, portanto, nada mais natural que todos os italianos, com exceção de meia dúzia de traidores mal-intencionados, se identificassem plenamente com ele.

Essa imagem merece ser questionada. O povo italiano não apoiou integralmente o fascismo, muito menos aderiu a todas as suas ideias e perspectivas. Da mesma forma, não é verdade que o fascismo tenha sido, como era proclamado por ele, uma derivação natural dos valores do povo italiano ou da sua história, como se já estivesse previsto desde Garibaldi ou Cavour. Ao mesmo tempo, não se pode negar que o fascismo tivesse uma base popular e que, depois de chegar ao poder, foi capaz de utilizar os recursos do Estado para ampliá-la, ao menos até a entrada da Itália na Segunda Guerra Mundial, em 1940.

O regime de Mussolini, até por seu perfil mais autoritário do que totalitário, foi muito menos brutal no trato da sua própria população do que o de Hitler ou o de Stalin. Dizer isso não significa afirmar, contudo, que os fascistas no poder não recorriam à força para eliminar seus inimigos. Através de uma ação sistemática de polícia, o regime não apenas calou os dissidentes, como também proibiu a difusão de informações que pudessem contradizer o discurso oficial. Controlando a escola, o rádio, o cinema e a imprensa, e cooptando a maioria dos professores, dos artistas e dos intelectuais, o regime tinha capilaridade para induzir os italianos a acreditarem no que quisesse.

Outra maneira tipicamente fascista de promover a integração das massas populares na vida política italiana e de conduzi-las ao padrão ideológico desejado pelo regime foi a sua estetização. O fascismo suprimiu os canais de expressão e participação política tradicionais e procurou reduzir os militantes do partido (e, depois, os cidadãos do Estado) a meros executores de ordens. Tal rigidez e autoritarismo implicaram a concepção de uma participação política alternativa, nos rituais e na simbologia. Símbolos e rituais, além disso, eram excelentes instrumentos de propaganda e também de difusão de ideias e valores adequados ao regime entre a população, pelo que foram usados intensivamente, incorporando-se ao cotidiano dos italianos. Na Itália do entreguerras, assim, grandes manifestações de massa se tornaram comuns, marcadas por toda a pompa fascista: desfiles de multidões em camisa negra e fuzil, o *fascio littorio* e bandeiras espalhadas por todo lado, discursos emocionados de Mussolini na sacada do palácio do governo na Piazza Venezia etc.

O regime se empenhou para que seus esforços no campo da propaganda fossem além, formando uma nova cultura. Não espanta, nesse sentido, que, em 1937, em plena caminhada totalitária do regime, todos os órgãos que cuidavam da propaganda e da cultura fossem fundidos em um único ministério e que ele fosse denominado *Ministero per la Cultura Popolare*, ou MinCulPop. Ele deveria atuar no sentido de fundir as culturas de elite e popular, a italiana e a fascista, de forma a modificar a própria essência do povo italiano em direção a uma perspectiva fascista. Tal esforço não deixou de apresentar resultados, afetando a vida de duas gerações de italianos, nascidos e criados dentro do regime. A propaganda fascista não conseguiu, contudo, atingir plenamente seus objetivos, e os termos "italiano" e "fascista" não se tornaram sinônimos.

O quadro mais próximo da realidade seria o de que o fascismo conheceu um grau de apoio bastante elevado dentro da sociedade. Ele era praticamente total, como já indicado, entre as elites, o que não significa dizer que elas absorveram realmente todos os ideais fascistas, mas que o apoiavam porque dele tiravam inúmeras vantagens. As classes médias, mais identificadas com os valores do fascismo e obtendo, com ele, algumas vantagens materiais, também deram o seu apoio. Já as grandes massas de camponeses e os operários urbanos foram mais sacrificados pelo regime, perdendo renda e autonomia. Não espanta que nesses setores o fascismo tenha tido menor influência ideológica. A Itália se tornou, portanto, um país bastante fascistizado, porém, com grandes camadas sociais que não chegavam a ser antifascistas, mas que tinham uma adesão ao fascismo bastante superficial. Mesmo as classes populares, contudo, manifestaram algum apreço pelos apelos nacionalistas do regime e, de qualquer modo, não tiveram condições de se organizar em sentido antifascista nesse período, dada a repressão.

É possível inferir, a partir dessa análise, o quanto o fascismo foi autoritário e o pouco que ele conseguiu avançar no seu projeto totalitário. Alguns historiadores italianos, como Renzo De Felice (1929-96), sugeriram que o regime desfrutou de uma legitimidade, um consenso, cada vez maior, frente ao povo italiano, nos anos 1930. Essa proposta, no entanto, é problemática, pois a ideia de consenso implica a possibilidade real de escolha, a qual não existia. Para parte substancial da população italiana, na sua relação com o fascismo, "resignação" é provavelmente uma palavra muito mais adequada do que "consenso".

Um traço totalitário mantido pelo regime, contudo, foi que o seu sistema repressivo se dirigiu não apenas contra os opositores, aqueles que poderiam, ao menos potencialmente, questioná-lo, como os antifascistas, mas também contra aqueles que fossem considerados "antissociais" ou, na visão fascista, que enfraquecessem o corpo nacional em regeneração. Entre eles, poderíamos citar as minorias de língua eslava e alemã no noroeste italiano, submetidas a uma campanha de nacionalização, os homossexuais e os maçons. O regime também foi brutal no trato com as populações dos territórios africanos dominados pela Itália.

Os judeus italianos são um caso particular. A Itália não tinha tradições antissemitas e os judeus eram poucos, não mais que 0,5% da população, e totalmente integrados. Na verdade, os judeus eram membros das classes médias e, até por essa origem, estiveram muito presentes no PNF e no regime: muitos judeus eram filiados ao partido e até uma das conselheiras (e amante) de Mussolini, Margherita Sarfatti (1880-1961), era judia. Claro que havia fascistas antissemitas desde os anos 1920, mas eram geralmente ignorados: por anos, até Mussolini debochava do discurso antissemita que vinha da Alemanha. Tudo mudou em 1938, quando o regime resolveu promulgar uma série de leis raciais, as quais retiraram diversos direitos dos judeus italianos, expulsando-os do PNF e dos empregos públicos, forçando muitos a emigrar. Para um bom número deles, isso foi uma traição inconcebível, e os dramas pessoais foram imensos.

Essa mudança se deu, em boa medida, pela concorrência da Alemanha nazista, que acusava o fascismo italiano de debilidade, por não ser suficientemente racista e antissemita. Da mesma forma, o tema do antissemitismo foi aproveitado por vários oponentes de Mussolini dentro do PNF para acusá-lo de fraqueza e pouco espírito revolucionário. Isso o forçou a se adaptar e alterar as prioridades. Se antes o "outro" do regime era o antifascista, o maçom, o liberal e os africanos, o foco agora se alterava para o judeu. Contudo, o próprio povo italiano, na sua maioria, não aprovou nem mesmo entendeu essa mudança de rumos do regime.

A VIDA SOB O FASCISMO

Em 1977, o diretor Ettore Scola dirigiu um filme intitulado *Una giornata particolare* (*Um dia muito especial*), tendo como protagonistas Marcello Mastroianni e Sophia Loren. O filme todo se passa em um único dia, 6 de maio de 1938, quando Adolf Hitler visitava Roma e a cidade estava tomada por cerimônias patrióticas, desfiles e discursos, e toda a população havia sido instada a participar. Os dois protagonistas, Antonietta e Gabrielle, vizinhos que se conhecem apenas naquele dia, compartilham entre si suas inseguranças e tristezas. Ela, mãe de seis filhos, por viver uma vida infeliz ao lado de um marido violento, fervente fascista. Ele, por ser homossexual e ter simpatias antifascistas, tanto que havia perdido seu emprego e estava para ser levado ao *confino*, um exílio em uma área isolada da Itália. Por umas breves horas, eles, sozinhos, vivenciam a liberdade, até serem obrigados a retornar a seus dramas. Ele é preso e enviado para a Sardenha e ela é obrigada a seguir o marido no projeto de ter o sétimo filho, o que daria ao casal o direito ao prêmio que o regime concedia aos pais de famílias numerosas. O marido pensa em batizar o novo filho, se homem, com o nome Adolfo, em homenagem ao ilustre visitante.

Esse filme é brilhante no sentido de retratar o cotidiano italiano durante o fascismo. As mulheres são vistas como inferiores, destinadas essencialmente a produzir novos cidadãos para a pátria e, em especial, trabalhadores e soldados. Os homossexuais são identificados como antissociais e perigosos para a moral constituída, pelo que deveriam ser afastados do convívio social. A população deve se engajar naquilo que o regime considera adequado, como a recepção a Hitler. Vários italianos realmente compartilhavam desses ideais, como o marido de Antonietta. Muitos, contudo, só se ocupavam do seu cotidiano, seguindo a vida dentro do possível, como no lotado prédio de apartamentos onde os protagonistas moravam.

A vida cotidiana dos italianos em 20 anos de regime foi, obviamente, afetada pela sua ideologia e por suas práticas. As crianças e os jovens foram particularmente atingidos, já que a criação do "novo homem" era uma tarefa para gerações. Desde cedo, na escola primária, os jovens italianos aprendiam que o fascismo havia regenerado a Itália e trazido de volta as glórias do Império Romano, que o *Duce* sempre tinha razão e que a guerra (ou o serviço no lar, no caso das meninas) era a razão maior para a existência. Eles também faziam esportes e exercícios com um viés paramilitar, de forma a serem socializados na mentalidade fascista. O *sabato fascista*, instituído em 1935, reservava os sábados à tarde para que os jovens praticassem atividades esportivas, com o objetivo de preparar o físico e a mente para a guerra, e também culturais, como a exibição de peças teatrais consideradas educativas sob a ótica do regime.

A ênfase do fascismo em atividades esportivas e culturais como instrumento para angariar o apoio popular aos seus projetos explica por que muitos italianos, especialmente das novas gerações, viam o regime com bons olhos. Jogar futebol ou basquete, andar de bicicleta, fazer longos passeios pelo campo ou ir ao cinema e ao teatro eram atividades antes reservadas às elites, mas agora o regime as oferecia, em tese, a todos. Apesar do seu conteúdo fascista, tais atividades eram para muitos, especialmente entre os jovens, apenas recreação e prazer, razão pela qual diversos italianos, vários anos após o fim do regime, ainda as recordavam com carinho e nostalgia.

O fascismo também deixaria uma memória positiva em algumas pessoas por sua capacidade de manipular o orgulho nacional e, por tabela, o de cada italiano. Na conquista da Etiópia ou na intervenção na Espanha, por exemplo, o povo italiano mais perdeu do que ganhou em termos materiais, pagando caro em sangue e impostos, e recebendo muito pouco em troca. Mas havia um benefício psicológico de se sentir parte de uma nação imperial, de imaginar que havia povos sob o seu comando e domínio. Não espanta, aliás, que o fascismo tenha sido bastante popular entre os italianos que residiam fora da

Itália, tradicionalmente discriminados por serem pobres e, no caso da Europa do Norte e dos Estados Unidos, por serem vistos, particularmente os oriundos do sul da península, como racialmente inferiores. O orgulho nacional e o psicológico contam, na vida cotidiana, muito menos do que o pão, mas também não são irrelevantes. A participação contínua em cerimônias e manifestações fascistas, enfatizando o orgulho nacional e o sentimento coletivo, também era momento de celebração, que muitos viam positivamente. De fato, a estética fascista se tornou parte importante do ser italiano naqueles anos.

Para o italiano médio, na verdade, o benefício econômico do fascismo foi pequeno; a Itália só iria se tornar um país afluente e os italianos deixariam de ser pobres bem depois, especialmente durante o "milagre econômico" dos anos 1950 e 1960. Na época do fascismo, as classes populares, os operários e os camponeses viviam como era possível. No país não se consumia muita massa, pois o trigo era caro, e a carne também era artigo de luxo. Na verdade, o hábito de comer *pasta* e *pizza*, tão associado aos italianos hoje, tornou-se generalizado nas comunidades de italianos dos Estados Unidos e só se difundiu realmente na Itália depois de 1945; o próprio Mussolini o via como "algo importado" e a se controlar.

Estudando a vida dos italianos no seu dia a dia é que percebermos realmente o quanto o fascismo marcou aquela população e, ao mesmo tempo, como ele não conseguiu controlá-la por completo. Em entrevistas com pessoas daquela época, é comum ouvir elogios ao regime, como o fato de ele ter instituições sociais que forneciam serviços (como lazer e auxílio social) às pessoas e de ter trazido alguma ordem ao caos que antes era a Itália. Mas também surgem imediatamente críticas à carestia, à corrupção, e são lembradas as ironias e as piadas que surgiam espontaneamente em casa ou no trabalho, escapando à vigilância da polícia, sobre Mussolini ou sobre as diretrizes mais absurdas do regime.

Na memória de muitos que viveram o fascismo, contudo, o mais condenável foi a aproximação com a Alemanha de Hitler. Essa aproximação teria levado o regime a caminhos indesejáveis, como as leis raciais, e, acima de tudo, à guerra, com toda a miséria, a destruição e a morte que ela trouxe aos italianos. Isso é obviamente uma visão retrospectiva: se a Itália fascista tivesse saído vitoriosa na Segunda Guerra Mundial, a percepção dos italianos sobre ela e sobre Mussolini seria outra. Mas ela está, em essência, correta. Não foram as resistências antifascistas nem as da população que levaram ao fim do regime, mas a guerra e, acima de tudo, a derrota.

IMPERIALISMO E GUERRA

Guerra e conquista imperial são aspectos fundamentais do fascismo. Como já indicado, o regime fascista pensava a nação como "um corpo que tinha que se expandir ou morrer" e, portanto, a conquista de territórios e a construção de um império eram objetivos aos quais ele não podia renunciar. Além disso, era uma parte fundamental do pensamento do regime a ideia de que a política interna e a externa estavam conectadas: a expansão imperial e o combate eterno purificariam a nação, formando as bases para uma bem-sucedida expansão imperial sobre outros povos. A guerra, portanto, não era um recurso, um instrumento a ser utilizado apenas em último caso, mas um ideal a ser buscado, um objetivo desejável. O "novo homem" fascista, o novo italiano renovado pelo fascismo, deveria ser um guerreiro, uma reencarnação moderna dos legionários romanos.

Na década de 1920, contudo, apesar de uma crise com a Grécia em 1923 e de uma sangrenta campanha empreendida para recuperar o controle efetivo da Líbia, colônia italiana desde 1912, o fascismo teve um perfil moderado nas relações internacionais, mantendo a aliança com a França e o Reino Unido, além de um bom relacionamento, inclusive financeiro, com os Estados Unidos.

Já na década seguinte, o regime entrou em uma escalada de violência praticamente ininterrupta e, por 10 anos, no período de 1935 a 1945, a Itália esteve em guerra. Entre 1935 e 1936, Mussolini invadiu a Etiópia com meio milhão de soldados e realizou aquilo que a Itália liberal não tinha conseguido, conquistando-a, e unificando o seu território com a Somália e a Eritreia, já colônias italianas, formando a África Oriental Italiana. Com isso, a grande e humilhante derrota italiana em Adwa em 1896 havia sido vingada e o sonho imperial dos nacionalistas, desde décadas antes, havia sido completado. Não espanta que tenha sido esse o momento em que a popularidade interna do fascismo atingiu o auge. O fascismo havia prometido que a Itália se tornaria uma grande potência, respeitada no mundo, e que conseguiria um império, cuja exploração traria prosperidade e riqueza ao povo italiano. Na prática, isso não aconteceu, até porque o novo Império logo desapareceria com as derrotas frente aos Aliados entre 1940 e 1943. Em 1936, contudo, quando proclamou o novo Império em Roma, Mussolini parecia estar entregando o que havia prometido.

Logo após o fim da guerra imperialista na África, a Itália se engajou a fundo no apoio a Francisco Franco na Guerra Civil Espanhola: foram mobilizados imensos recursos humanos, financeiros e militares para conseguir a vitória do aliado fascista, que se concretizou em 1º de abril de 1939. Uma semana depois, a Itália invadiu a Albânia, anexando-a ao seu território e, no ano seguinte, os italianos entraram na Segunda Guerra Mundial.

Essa escalada italiana permite entender como as realidades materiais condicionavam aquilo que o regime podia ou era capaz de fazer. Na economia, por exemplo, o regime tendia para o corporativismo e a autarquia, ou seja, a produção nacional de todos os bens necessários ao país. No entanto, ele só se lançou realmente nessa direção depois da Crise de 1929, quando o comércio e os mercados globais entraram em colapso e a resposta autárquica ganhou força como uma possível solução.

Nas relações internacionais, o mesmo aconteceu. O expansionismo e o amor à guerra eram parte essencial da ideologia fascista, mas o regime era consciente das limitações econômicas e militares da Itália, e só se lançou a aventuras no exterior quando o cenário global pareceu favorecê-las. A ascensão de Hitler na Alemanha foi o elemento-chave. De um lado, a volta da Alemanha ao jogo geopolítico global dava um espaço maior para a ação italiana, que podia exigir contrapartidas dos antigos aliados para seu apoio e/ou se valer do apoio alemão para bancar suas iniciativas. De outro, a própria existência de outro Estado fascista abertamente expansionista e militarista quase obrigava o fascismo italiano a seguir o mesmo caminho, sob pena de parecer estar sendo eclipsado pelo recém-chegado.

O regime também potencializou estratégias de expansão da influência internacional da Itália através de instrumentos não militares, como a mobilização das coletividades de imigrantes italianos instaladas fora do país em defesa dos interesses da Itália, bem como a promoção da cultura e do comércio italianos no exterior. Ao mesmo tempo, o fascismo se esforçou para subverter a ordem interna de outros países, financiando movimentos irredentistas na Suíça e na Iugoslávia e grupos separatistas ou de libertação nacional nos Bálcãs, na África do Norte ou no Oriente Médio, em oposição aos impérios francês e britânico. Um especial cuidado foi dado aos contatos fundamentados na ideologia, com regimes e movimentos inspirados no fascismo ou ao menos simpáticos a ele.

Esses esforços indiretos foram parte integrante da política externa italiana durante todo o vintênio fascista, com maior ou menor intensidade, conforme o período, a região geográfica e as próprias alterações internas dentro do regime. Não eram, contudo, um substituto para a guerra; no máximo, eram um complemento. Até por isso, a despesa militar italiana cresceu de forma expressiva, especialmente na década de 1930, e a Marinha italiana, particularmente, tornou-se uma das mais poderosas do mundo. Ainda assim, a Itália não tinha a base industrial necessária para a construção de um poder militar equivalente ao alemão, ao americano ou ao britânico, e o fato de o país já estar em guerra por vários anos antes da entrada no segundo conflito mundial, em 1940, só piorou as coisas: recursos ingentes que deveriam ter sido utilizados na modernização e no treinamento das Forças Armadas foram desperdiçados na Etiópia e na Espanha. Isso ajuda a compreender a decepcionante participação militar italiana na Segunda Guerra, quando a Itália, em síntese, não ganhou nenhuma das batalhas em que se envolveu.

Postal fascista de 1936 celebra o novo Império na África, após a conquista da Etiópia. (Autor anônimo)

Contou também, para esse desempenho pífio, o fato de Mussolini nunca estabelecer uma estratégia nacional coerente. Coordenar, bem como fazer os militares trabalharem unidos em favor de objetivos fixados por uma liderança política, é tarefa das mais difíceis, em qualquer Estado, mas a Itália fascista foi particularmente incapaz de dar conta dela. Não havia clareza dos objetivos a serem perseguidos, dos inimigos a serem enfrentados e dos instrumentos que deveriam ser priorizados, apenas uma retórica geral sobre o valor da guerra e a necessidade de a Itália se expandir. Depois, os militares tiveram, sob o fascismo, imensa independência para atuarem como queriam, e isso levou a disputas internas, falta de coordenação e corrupção generalizada. Um dos preços pagos pelo fascismo para ascender e se manter no poder foi dar liberdade de ação aos militares, e isso impactaria fortemente a efetividade das suas Forças Armadas durante a guerra.

Dessa forma, apesar do esforço para transformar os italianos em guerreiros, isso não aconteceu e a Itália continuou a ser um país com grandes ambições, mas com poucos recursos para agir. Na verdade, a mobilização nacional durante a guerra foi mais expressiva (em termos de homens mobilizados e recursos empenhados) entre 1915 e 1918 do que entre 1940 e 1943: o sistema fascista, nesse sentido, era caótico e não foi capaz de coordenar recursos e prioridades. A população italiana, apesar de décadas de propaganda, também não se entusiasmou por uma guerra na qual a derrota parecia certa e que beneficiaria, mais que tudo, os alemães. O fascismo havia proclamado que faria da Itália um país com espírito marcial e eficiente, mas foi justamente a participação (decepcionante) nas batalhas da Segunda Guerra Mundial que derrubaria o regime.

Depois de 1945, partidos e grupos simpáticos ou abertamente fascistas continuariam a existir na Itália, alguns com certa expressão, como o *Movimento Sociale Italiano*. A República Italiana, fundada em 1946, criou a sua identidade política com base nos princípios antifascistas, mas o legado do fascismo continuou e continua na forma de uma herança autoritária que até hoje está presente na Itália. O fascismo ainda é um dos temas fundamentais do debate histórico e político do país. Alguns dos seus herdeiros o reciclaram e, em plena década de 2020, estão em postos de poder. O fascismo como experiência histórica, contudo, terminou em 1945, com a morte de Mussolini e o colapso final da Itália fascista.

O nazismo alemão

É difícil imaginar termos mais conhecidos do que "nazismo" e "nazistas". Em livros e filmes, na televisão e na internet, a imagem de Adolf Hitler e de seus seguidores marchando pelas ruas sob a sombra da cruz suástica é das mais reconhecíveis em qualquer lugar do mundo. No entanto, os próprios nazistas não se chamavam assim. O nome do partido era *Nationalsozialistische Deutsche Arbeiterpartei* (Partido Nacional-socialista dos Trabalhadores Alemães, NSDAP) e os seus militantes se autodenominavam nacional-socialistas, sendo "nazi" um termo advindo da abreviação da primeira palavra do nome do partido. Os nazistas consideravam o termo até mesmo pejorativo, mas, mesmo assim, ele acabou por se firmar posteriormente, tornando-se de uso comum.

Há pessoas que propagam ser o nazismo um movimento de esquerda. Para embasar essa ideia, um dos argumentos mais comuns é justamente apontar a palavra "socialismo" presente no seu nome, além do uso da cor vermelha na sua bandeira e na sua simbologia. No entanto, isso é um completo equívoco.

O nome do partido explica, em boa medida, o que ele era e o que pretendia ser. O "socialista" que está no nome do partido indicava, à época, uma perspectiva antiliberal e que primava pelo coletivo em detrimento do indivíduo, mas não os valores socialistas de solidariedade entre os homens e busca da igualdade no acesso a recursos e oportunidades, presentes na esquerda. E, ainda mais importante, ao termo "socialista" é associado o termo "nacional", que o redefine: o nazismo se apresentava como uma alternativa nacionalista ao internacionalismo marxista e da esquerda, como uma proposta que colocava a nação acima de tudo e priorizava o coletivo. O socialismo no seu nome foi mais uma tentativa de tomar um espaço da esquerda e conquistar os trabalhadores alemães do que o inverso.

O nazismo, na realidade, tem uma origem intelectual e política ainda mais acentuadamente à direita que o fascismo da Itália. Como visto no capítulo "O fascismo italiano", parte das tradições que compuseram o fascismo na Itália veio de uma matriz de esquerda, as quais foram depois reelaboradas e reconvertidas para uma perspectiva de direita. No caso do nazismo, essas origens e conexões, ainda que não inexistentes, são muito menos evidentes.

AS ORIGENS INTELECTUAIS DO NAZISMO

O nazismo não foi único nem representou uma completa novidade frente à tradição política alemã e europeia. Sua proposta política diagnosticava os problemas alemães em um contexto específico, pós-Primeira Guerra Mundial, e apresentava soluções para a Alemanha do futuro. Para dar conta dessas tarefas, ele absorveu, dialogou e reelaborou pensamentos, teorias e uma cultura política que vinha, no mínimo, desde o início da Época Contemporânea, em 1789. Tais tradições podiam ser tanto comuns a outras partes da Europa como específicas da Alemanha. Dentre os vários movimentos e ideologias que ajudaram a criar o corpo teórico nazista, destacam-se o nacionalismo, o romantismo, o darwinismo social, o racismo científico e o antissemitismo. Essas correntes de pensamento, comuns à boa parte da Europa, tiveram particular expressão na Alemanha, onde se combinaram com questões locais, como a necessidade de superar os problemas advindos de uma unificação nacional tardia e de definir a identidade alemã.

O nacionalismo é a questão-chave. Assim como aconteceu na Itália, outro país de unificação tardia, os alemães, ainda na metade do século XIX, viviam divididos entre dezenas de Estados, com destaque para a Áustria e a Prússia. Eles compartilhavam uma língua e tradições comuns (ainda que o Norte fosse protestante e o Sul católico), mas não tinham um Estado unificado, o que parecia crescentemente uma anomalia para muitos intelectuais e políticos dessas terras. As grandes questões que pairavam eram: como conseguir a unificação dos povos alemães? Quem lideraria o processo (a Áustria ou a Prússia)? E, acima de tudo, como seria o novo Estado e a nova nação?

Por todo o século XIX, muitos alemães imaginavam a nova Alemanha como um Estado liberal, semelhante ao que se desenvolvia em outros países europeus: o poder viria da soberania popular e seria a cidadania alemã que definiria o pertencimento ao novo Estado. Foi a posição predominante, por exemplo, nas revoluções alemãs entre 1848 e 1849. Outros, contudo, pensavam em uma Alemanha que englobaria apenas os territórios ao norte, protestantes, deixando os católicos de fora, como alguns líderes prussianos. Outros ainda pensavam na unificação de todos os falantes de alemão, mas englobando também algumas áreas sob o controle austríaco ou prussiano que falavam outras línguas, como algumas partes do Império Austríaco onde se falava italiano e partes da Polônia.

A visão de uma nação alemã definida pela etnia e pela cultura, ou *nacionalismo etnolinguístico*, também estava presente em amplos setores da intelectualidade e da sociedade, e acabaria predominando com o tempo. Era uma forma de nacionalismo que ia na direção contrária às propostas do liberalismo: o cerne da nação não viria do exercício da cidadania e da cessão de prerrogativas ao Estado por parte de cidadãos livres em nome do bem comum, mas, pelo contrário, os direitos de cidadania só seriam concedidos aos que pertencessem ao corpo nacional, definido pela língua e pela etnia. Conforme esse ponto de vista, a nação alemã estava sob o ataque de forças do mundo moderno – como os judeus, os socialistas, os liberais e outros –, e tinha que ser ressuscitada através de um mergulho na herança ancestral, o que, em alguns casos, podia significar até mesmo uma renúncia ao cristianismo em favor das tradições germânicas.

Esse nacionalismo recebeu uma influência muito forte do chamado *racismo científico*, o qual tem precedentes nos séculos anteriores, mas se refinou no século XIX, especialmente sob a influência do darwinismo social, como será visto adiante. Nessa época, autores como Arthur de Gobineau

(1816-82), Ernst Haeckel (1834-1919), Houston Stewart Chamberlain (1855-1927) e tantos outros eram lidos e discutidos, e o racismo científico era bem aceito e difundido nos círculos intelectuais e políticos da Europa e das Américas, entre meados do século XIX e meados do século XX.

O racismo científico defendia que a humanidade estava dividida em raças, que essas raças tinham características inatas e imutáveis, as quais poderiam ser identificadas através de procedimentos científicos. Como corolário, essa doutrina indicava a existência de raças superiores e inferiores (em termos físicos, mentais e morais), e considerava aceitável e até desejável a exploração ou a submissão das segundas pelas primeiras. Ele também rejeitava a miscigenação, vista como uma diluição do suposto sangue superior, e indicava a necessidade de práticas eugênicas para garantir e sustentar a vitalidade da raça destinada a dominar. Essa raça era a branca; os brancos eram indiscutivelmente superiores aos outros povos. Na maior parte do tempo, a "raça branca" também era designada como "ariana", especialmente em oposição aos judeus, considerados membros da "raça semita".

No entanto, havia uma discussão intensa sobre quem devia ser considerado ariano: para alguns, os árabes e outras etnias do Oriente Médio e da Índia, com destaque para os iranianos, deveriam ser incluídos na lista, enquanto, para outros, até mesmo alguns povos da Europa, como os eslavos, deveriam ficar de fora. Além disso, havia no racismo científico uma hierarquização dos povos europeus que os dividia não apenas em grandes grupos (germânicos ou nórdicos, latinos, eslavos), como também em inúmeras divisões e subdivisões, cada qual considerada inferior ou superior às outras. Os italianos do Norte, por exemplo, eram vistos como superiores aos do Sul. Com o tempo, surgiu também a ideia de que os verdadeiros arianos eram os germânicos, superiores a todos. Aí se incluiriam os britânicos, os alemães, os escandinavos e os holandeses.

O *darwinismo social* reforçou ainda mais essas concepções. A partir do trabalho do naturalista Charles Darwin (1809-82), vários intelectuais fizeram uma leitura da teoria da seleção natural e a transferiram da biologia para o mundo social. Nessa percepção, nas sociedades humanas, os mais fortes teriam o direito de comandar e dominar os mais fracos. Mas a definição de quem era o forte e quem era o fraco era variável. Alguns pensavam na luta entre as classes sociais, enquanto outros – foi o caso do fascismo em geral e, em particular, do nazismo – enfatizavam a luta entre as nações e as raças.

A *eugenia* também era considerada imprescindível para manter a vitalidade nacional e racial, garantir um corpo nacional e racial saudável e puro. Desenvolvida ao final do século XIX, a eugenia propunha uma série de práticas para atingir esse objetivo. No campo das propostas eugênicas positivas, estava a prática de atividades físicas, o lazer, os cuidados médicos, a promoção da higiene, o combate ao alcoolismo e a eliminação de doenças e espaços propensos à circulação de germes e bactérias, como cortiços e aglomerações. Já entre as negativas, incluíam-se a emigração forçada ou a esterilização dos indesejáveis e, no limite, o seu extermínio puro e simples. Esses indesejáveis podiam ser deficientes físicos ou mentais, alcoólicos, pessoas com comportamento social inadequado, minorias étnicas ou raciais etc. Todas essas ações visavam eliminar o que era considerado "doente e contaminante" no corpo nacional ou racial e garantir a sua "regeneração", e deveriam ser conduzidas pelo Estado.

A eugenia foi muito popular entre o final do século XIX e o início do XX, não só na Alemanha. Nos Estados Unidos e na Escandinávia, por exemplo, dezenas de milhares de pessoas chegaram a ser esterilizadas nessa época por serem consideradas inferiores, já que tinham deficiência física ou mental ou por serem tidas como indesejáveis. O nazismo se diferenciou por torná-la uma política ampla de Estado.

Não espanta, nesse contexto, que os grupos nacionalistas, racistas, eugênicos e românticos tivessem aversão pelo liberalismo e pela esquerda. O mundo que eles concebiam era aquele da ordem e da hierarquia, a ser preservada e reforçada por uma nova visão elitista, racista e romântica. O liberalismo propunha uma igualdade na cidadania e uma hierarquia entre os homens baseada apenas no dinheiro e no material, enquanto a esquerda, com suas propostas de igualdade entre os homens, era o exato inverso do nazismo.

O nazismo reelaborou ideias do nacionalismo etnolinguístico, do racismo científico, do darwinismo social e da eugenia dentro de seu corpo ideológico, aceitando certos aspectos e diminuindo outros. Isso foi feito com praticamente todos os autores e textos, com todas as correntes anteriormente mencionadas: o nazismo era uma adaptação de ideais antigos, reelaborados para uma nova realidade, a da Alemanha após a derrota em 1918.

A CRISE ALEMÃ (1918-23)

A crise alemã ao final da Primeira Guerra Mundial foi comum à de outros países europeus, tendo que lidar com os efeitos de quatro anos de combates: milhões de mortos e feridos, uma economia em frangalhos, enorme agitação social e desesperança frente ao futuro. A Alemanha, contudo, tinha que enfrentar também os problemas derivados da derrota. Depois de 4 anos de sacrifícios, ela perdeu as suas colônias na África e na Ásia, cerca de 12% do seu território e população na Europa, e suas Forças Armadas foram limitadas em tamanho: apenas 100 mil homens podiam permanecer nas suas fileiras, com armamento restrito. Além disso, a Alemanha tinha que pagar reparações de guerra, em dinheiro e mercadorias, aos vencedores, e foi considerada a única culpada pelo conflito. Isso levou o país a uma crise econômica e social profunda, com hiperinflação. A nação se via derrotada e humilhada pelos vencedores.

O sistema político alemão teve dificuldades em gerir essa situação. Com o fim da Monarquia, um Estado alemão democrático, a República de Weimar, foi constituído, mas em um cenário de extrema instabilidade. Insurreições que visavam repetir na Alemanha a experiência bolchevique na Rússia se espalharam por locais como Munique e Hamburgo, mas foram contidas com extrema violência pelo novo governo e por milícias de extrema direita, os *Freikorps*, das quais sairiam vários futuros militantes nazistas. Houve também inúmeros assassinatos políticos e várias tentativas de golpe de Estado: em 1920, em Berlim, e, em 1923, em Munique, como será visto na seção "A conquista do poder (1923-33)".

A República se estabilizou a partir de 1924, principalmente devido a volumosos empréstimos, públicos e privados, feitos pelos Estados Unidos, interessados em fortalecer a economia alemã para garantir um ambiente econômico favorável às suas exportações na Europa. Esses recursos permitiram equacionar o pagamento das reparações, eliminar a inflação e fazer a economia se recuperar. Uma coalizão de partidos de centro-esquerda e centro-direita foi organizada para garantir a governabilidade e a Alemanha conseguiu se reintegrar no sistema europeu, melhorando a relação com seus antigos inimigos. Entre 1924 e 1929, a República de Weimar parecia funcionar e a cultura do período, em especial, destacou-se por um grande desenvolvimento e pela renovação nas artes e na literatura.

As sementes da derrocada estavam, contudo, presentes. Os partidos de centro eram frágeis; a economia ainda estava longe de estar plenamente recuperada; e a legitimidade da República era questionada tanto pela extrema esquerda comunista, que acusava os socialistas de trair o proletariado ao sufocar a revolução, como pelos vários grupos da extrema direita, os quais denunciavam os líderes da República como traidores da pátria. Grupos paramilitares, de esquerda e direita, também permaneciam ativos e o Estado era incapaz de eliminá-los. O impacto da Crise de 1929 na Alemanha foi o estopim da derrocada do regime.

Como a Alemanha era extremamente dependente dos capitais estadunidenses, não espanta que a economia alemã tenha sido particularmente impactada pelo colapso da Bolsa de Nova York: a retirada dos créditos americanos levou ao colapso financeiro de bancos e empresas alemãs, com aumento dramático do desemprego, que chegou a 4 milhões de pessoas já em 1930. Também houve deflação de preços e salários e um descrédito ainda maior do sistema político, o que deu um novo impulso ao radicalismo na política. Entre 1929 e 1933, os partidos socialista, católico e liberal, que haviam sido os grandes fiadores da República de Weimar, perderam parte expressiva dos seus votos em favor dos nazistas, dos comunistas e dos conservadores monarquistas. As milícias desses partidos, que nunca haviam deixado de existir, ampliaram-se e a violência política nas ruas das cidades alemãs se tornou a norma nesses anos. Esse caos foi fundamental para ampliar o espaço político dos nazistas.

ADOLF HITLER E A FUNDAÇÃO DO NSDAP

Adolf Hitler (1889-1945) foi o criador e fundador do nazismo alemão. Ele foi o responsável por aglutinar a maioria dos grupos e movimentos de extrema direita que se espalhavam pela Alemanha ressentida depois da Primeira Guerra Mundial, e por amalgamar e reelaborar as várias ideologias, muitas vezes contraditórias, que haviam surgido no país, no campo da direita, como resposta à modernidade e aos problemas alemães desde o século XIX e mesmo antes.

A sua trajetória pessoal é exemplar do que o nazismo era e do que ele não era. Hitler havia nascido no Império Austro-Húngaro, como membro da sua minoria de língua alemã. Ele olhava para o Império com profunda desconfiança e desprezo por ser um Estado multicultural e onde os alemães, apesar de o comandarem, eram uma minoria. Hitler se identificava, acima de tudo, como um alemão, de língua e raça, tanto que se recusou a servir o Exército Austro-Húngaro, mas se apresentou como voluntário para o Exército Bávaro quando começou a Primeira Guerra Mundial, em 1914.

Originário de uma família da classe média baixa, tendo passado dificuldades econômicas quando jovem, Hitler era um artista frustrado, tendo sido reprovado na Academia de Belas-Artes de Viena. A sua origem social é simbólica de como o nazismo tinha raízes populares, na classe média baixa e no proletariado. Ao mesmo tempo, sua ambição artística seria um elemento fundamental na criação do próprio nazismo e na associação entre arte e política que estaria tão presente na sua ideologia.

Após lutar toda a guerra nas fileiras alemãs, Hitler continuou por algum tempo no Exército e, em 1919, foi enviado por ele para espionar a reunião de um obscuro partido chamado *Deutsche Arbeiterpartei*, o Partido dos Trabalhadores Alemães, que tentava atrair os operários com um discurso nacionalista, antissemita, antissocialista e anticapitalista. Invertendo as expectativas, Hitler logo assumiu o comando do partido e, graças a seus dotes de oratória, foi capaz de fazer o número de filiados crescer exponencialmente. Em 20 de janeiro de 1920, ele alterou o nome do partido para *Nationalsozialistische Deutsche Arbeiterpartei*, NSDAP. O movimento nazista nascia, assim, oficialmente e Hitler era o seu líder. A redação da obra *Mein Kampf* (*Minha luta*), em 1923, foi o momento de consolidação de suas ideias, de cristalização de uma radicalização política que vinha evoluindo desde 1919.

Por volta de 1923, a grande pergunta de Hitler e do nazismo – como tornar a Alemanha uma potência impossível de ser derrotada? – foi teoricamente respondida e, a partir daí, a grande questão era colocar o novo programa em prática. Seguindo os princípios nazistas, a Alemanha estaria envolvida em uma guerra de vida e morte pela sobrevivência com outros povos, nações e raças e, para a vitória, ela devia manter a sua pureza racial e não permitir nenhum tipo de divisão interna; os judeus, especialmente, tinham que ser removidos a qualquer custo do corpo racial alemão. O nacionalismo, fundamentado na raça e na cultura comuns, seria o eixo da nova sociedade alemã e qualquer tipo de internacionalismo (católico, socialista ou capitalista) deveria ser combatido.

A proposta era coletivista, não liberal, tanto que previa direitos sociais e conquistas econômicas para os trabalhadores. Não pressupunha, contudo, a destruição do capitalismo nem a implantação de ideais de esquerda, tanto que os direitos de cidadania, de trabalho e de auxílio do Estado viriam não da condição de classe dos trabalhadores, mas do seu pertencimento à "raça superior". Como propostas para longo prazo, haveria a conquista do *Lebensraum* (o espaço vital) no Leste Europeu (onde os alemães conseguiriam os recursos agrícolas e as matérias-primas para sua sobrevivência), a dominação racial de outros povos e a eliminação dos judeus da vida alemã. Purificados racialmente, unidos por um Estado totalitário e escravizando outros povos, a nação alemã, pautada pelo nazismo, reverteria sua decadência e criaria um novo mundo, harmônico, esteticamente agradável e saudável a partir da destruição do velho.

O nazismo, portanto, bebeu das tradições políticas e sociais alemãs e europeias, e reagiu a um momento específico da história alemã, de crise geral, entre 1918 e 1933. Ele compartilhava propostas com outros grupos conservadores e reacionários e, dentro do NSDAP, também havia correntes de pensamento que se diferenciavam da matriz dominante, a de Hitler. A sua combinação, no entanto, era particular, e o seu principal diferencial era a ênfase no Estado totalitário e no partido. Não seria por meios democráticos, pela restauração da monarquia ou por uma ditadura militar que se modificaria realmente a sociedade: para criar um "novo homem nazista", seria preciso um novo Estado, com um líder vindo do povo e que agiria com mãos de ferro contra a dissidência. Antes de implantá-lo, contudo, era preciso conquistar o poder.

A CONQUISTA DO PODER (1923-33)

O fascismo italiano foi olhado com imensa atenção por Hitler e pelo nazismo desde o início. Os nazistas faziam críticas aos italianos, especialmente por eles não serem antissemitas nem enfatizarem a questão racial, como imaginavam ser necessário. Mussolini, aliás, também não via com bons olhos, inicialmente, os nazistas, pois discordava desses pontos e considerava-os inexpressivos demais para receber atenção. A admiração nazista pelo fascismo italiano, contudo, era muito maior do que as reservas: os fascistas também defendiam a regeneração nacional do seu país, eram inimigos do Tratado de Versalhes, opunham-se ao liberalismo e à esquerda e eram expansionistas. O NSDAP chegou a copiar a saudação fascista e o uso da cor negra nos seus uniformes.

A maior influência fascista nos primeiros anos do partido nazista, contudo, foi a perspectiva de conquistar o poder através de um golpe de Estado. Cerca de um ano depois da Marcha sobre Roma, Hitler procurou replicá-la em Munique, em 8 e 9 de novembro de 1923: milhares de membros do partido tomaram a cidade, com a perspectiva de que as tropas do Exército e da polícia se uniriam ao golpe. O plano era conquistar a

Baviera e, sempre com o apoio militar, marchar para Berlim, repetindo o que Mussolini havia feito em Roma. As forças de segurança, entretanto, ficaram ao lado do poder constituído e abriram fogo contra os nazistas, matando 15 homens. A tentativa de golpe imediatamente se dissolveu, o partido nazista foi colocado na ilegalidade e Hitler foi condenado, em 1º de abril de 1924, a 5 anos de prisão. Seria libertado, no entanto, já no final daquele ano, tendo escrito *Mein Kampf* durante esse período.

Em razão do ocorrido, foi tomada a decisão, por Hitler, de não tentar mais conquistar o poder pela força, mas pela via eleitoral. Isso não era, contudo, algum tipo de giro democrático por parte dos nazistas, mas um reconhecimento de que eles ainda não tinham condições de se opor às forças do Estado e de que um acúmulo de energias seria necessário antes de tentar de novo. Foi isso que o partido fez entre 1925 e 1933.

Pelos anos a seguir, o NSDAP moderou suas ações violentas nas ruas e suas milícias – a *Sturmabteilung* (SA), fundada em 1921, e a muito menor *Schutzstaffel* (SS), criada em 1925 – tornaram-se menos ostensivas. O grande esforço foi na propaganda, para a qual o carisma e os dotes de orador de Hitler foram, sem dúvida, muito úteis. Pouco a pouco, o partido se expandiu para além da Baviera, conquistando eleitores entre os fazendeiros protestantes do norte da Alemanha e, especialmente, entre a classe média baixa, como pequenos comerciantes, estudantes e autônomos. A maioria dos alemães, todavia, não se inclinou para o nazismo: a maior parte do eleitorado conservador preferia os partidos liberais, católicos ou monárquicos, e os trabalhadores e os operários de Berlim e do vale do Ruhr tendiam a ser fiéis ao partido socialista. Em 1928, o NSDAP conseguiu apenas 2,63% dos votos nas eleições nacionais, o que indica como a via eleitoral não estava realmente funcionando para os nazistas atingirem seu objetivo.

A Crise de 1929 e seus impactos na Alemanha, contudo, alteraram substancialmente o cenário. Nas eleições de 1930, os votos nazistas chegaram a 18,25%, número que ascendeu a 37,27% nas de julho de 1932 e 33,09% nas novembro do mesmo ano. O partido soube captar a raiva e a desesperança dos alemães e o descrédito com os partidos tradicionais (socialistas, católicos e liberais) que sustentavam até então a República e se catapultou eleitoralmente, tornando-se uma das principais forças políticas do país. Contou também, para o seu sucesso, o crescente financiamento por parte dos grandes industriais alemães, além de seu retorno aberto a práticas esquadristas, ameaçando e agindo com violência contra a esquerda e demais opositores nas ruas alemãs, bem como a incapacidade de a esquerda (comunista e socialista) agir em conjunto para conter os nazistas.

Mesmo assim, dois terços dos alemães não votavam no NSDAP e, entre julho e novembro de 1932, sua votação tinha mesmo caído um pouco. Em março de 1932, igualmente, Hitler foi derrotado nas eleições para presidente por Paul von Hindenburg (1847-1934), um herói da Primeira Guerra Mundial, representante da elite agrária e conservadora alemã. Não havia nada de inevitável ou irresistível na caminhada nazista para o poder.

Apesar de não terem maioria eleitoral, os nazistas se apresentavam como a novidade frente a um sistema político que se mostrava fragmentado e em profunda crise, totalmente incapaz de resolver os problemas de uma sociedade que parecia entrar em colapso no meio da violência política nas ruas, com greves e desempregados em situação de miséria. Pouco a pouco, os nazistas convenceram partes expressivas da sociedade alemã e da sua elite de que eles eram os únicos capazes de estabilizar a situação, conter o caos e os avanços da esquerda, especialmente a comunista.

Em fins de 1932, finalmente, políticos conservadores alemães, como Franz von Papen (1879-1969), convenceram-se de que alçar Hitler ao cargo de primeiro-ministro seria a única forma de restaurar a ordem. Pensava-se que, trazidos ao poder, os nazistas moderariam seu discurso e suas ações e dariam estabilidade ao governo, que seria dominado, contudo, pelos conservadores. Em 30 de janeiro de 1933, enfim, o presidente Paul von Hindenburg nomeou Hitler primeiro-ministro e o nazismo chegou ao poder.

O plano parecia razoável do ponto de vista dos conservadores. Dos 11 postos no gabinete, o NSDAP tinha apenas 3, sendo os 8 cargos restantes ocupados pelos conservadores. Além disso, no sistema político da República de Weimar, o presidente retinha enormes poderes, e o campo conservador considerava que Hindenburg seria capaz de conter e anular Hitler.

Os nazistas, no entanto, se mexeram com rapidez para consolidar e ampliar seu poder. Em 27 de fevereiro de 1933, um jovem comunista holandês, revoltado com Hitler, ateou fogo ao *Reichstag*, o parlamento alemão, em Berlim. Como resultado, o governo decretou estado de sítio e a polícia, já sob o controle nazista, passou a perseguir e a prender com ainda mais intensidade os membros do partido comunista e outros opositores do governo em toda a Alemanha. Nas eleições de março daquele ano, os nazistas consolidaram a sua maioria no Parlamento, até porque os deputados comunistas tinham sido expulsos. Com essa maioria, a intimidação e a agressão contra os deputados opositores remanescentes, especialmente os socialistas, e o apoio dos partidos conservadores e dos católicos, Hitler conseguiu aprovar, em 23 de março, uma legislação que dava poderes quase absolutos ao primeiro-ministro.

A partir desse momento, o governo agiu com rapidez e a ditadura foi se configurando. O Parlamento se tornou uma entidade figurativa, todos os partidos políticos, com a exceção do NSDAP, acabaram sendo proibidos. Campos de concentração foram criados para aprisionar líderes sindicais, militantes e simpatizantes de partidos de esquerda. A liberdade de imprensa também foi extinta, o poder da polícia foi ampliado e os nazistas começaram a ocupar a maioria dos cargos no Estado; os conservadores e os católicos logo foram colocados no ostracismo.

Nesse cenário, a única instituição capaz de impedir a transformação da Alemanha em uma ditadura seria o Exército, cujas forças, apesar de superadas em número pela SA (que havia chegado a 2 milhões de homens em 1933), tinham plenas condições de derrotá-la. O Exército via com bons olhos as propostas de Hitler de rearmar a Alemanha, simpatizava com o seu nacionalismo extremado, assim como compartilhava com o NSDAP o seu desprezo pela democracia e pela esquerda. Mesmo assim, o Exército, dominado pela aristocracia prussiana, tinha um profundo desprezo de classe pelos nazistas. Estes eram, afinal, na sua maioria, pessoas do povo e a ideia de eles comandarem o Estado, formando uma nova elite, incomodava os militares. Em termos simbólicos, pode-se imaginar o incômodo de marechais e generais por terem que bater continência para Hitler, que tinha sido apenas um cabo na Primeira Guerra Mundial.

O maior mal-estar, contudo, era com as milícias nazistas, a SA. Para os militares, a ideia de uma força armada que não obedecia ao seu comando era incômoda, pois eles se consideravam os únicos que deveriam ter o poder das armas. Eles também viam os membros da SA como um bando de desordeiros, indisciplinados e rufiões, que mais prejudicavam do que apoiavam a restauração da ordem que eles desejavam. Por fim, e mais importante, na SA era ainda muito forte aquela tendência mais popular, anticapitalista e anticonservadora do nazismo. Para a SA e seu líder, Ernst Röhm (1887-1934), o Exército alemão era uma força reacionária, dominada pelos antigos nobres, e a revolução nazista só poderia ser efetivada pela sua substituição por um novo Exército, nacional e popular, a SA. Esse ponto merece uma explicação mais detalhada, até porque evidencia as disputas internas dentro do NSDAP e o conflito entre seus setores conservadores e radicais.

Desde seus inícios, o NSDAP convivia com duas alas, as quais disputavam o comando. A que dominava o partido era a de Hitler, com especial força no sul da Alemanha, que defendia a via legal para a tomada do poder e estava disposta a negociações com as forças conservadoras para chegar a tanto. Ela acreditava na mobilização popular, mas sob o firme controle do partido, e considerava que as milícias do NSDAP deveriam servir para a proteção do partido, a propaganda e o combate à esquerda nas ruas, mas não para se opor ao Exército.

A outra ala, centrada nos irmãos Gregor (1892-1934) e Otto Strasser (1897-1974), compartilhava valores como o antissemitismo, o nacionalismo exacerbado e a oposição à esquerda. Essa ala, todavia, defendia que o nazismo deveria chegar ao poder em uma verdadeira revolução popular, através da SA, removendo do cenário as antigas elites alemãs, nacionalizando as grandes propriedades e avançando na agenda do corporativismo. Na SA, essa ala tinha particular influência e Hitler a temia, já que ela podia muito bem tentar destituí-lo em favor de um líder mais radical, como o próprio Röhm. Ao mesmo tempo, as suas ações, cada dia mais violentas, incomodavam a população, que queria o retorno à normalidade, e dificultavam as negociações com as elites. O Exército estava especialmente incomodado.

Para resolver o problema, a liderança nazista promoveu uma ação violenta, conhecida como a Noite das Facas Longas, entre 30 de junho e 2 de julho de 1934. Nessa ação, Hitler mobilizou especialmente as forças da SS, as quais lhe eram particularmente fiéis. Em 3 dias, homens da SS assassinaram a maior parte da liderança da SA, incluindo Röhm, e, a partir daí, a SA passou a ser apenas uma força decorativa, sem nenhuma pretensão de poder. A SS, contudo, começou naquele momento a sua ascensão dentro da estrutura do regime. Aproveitando a situação, as unidades da SS também assassinaram outros opositores a Hitler e antigos desafetos. A partir daquele instante, o Exército retirou suas objeções e o poder de Hitler se consolidou: simbolicamente, em 20 de agosto de 1934, os militares aceitaram fazer um juramento de lealdade pessoal a Hitler. A morte do presidente Hindenburg, em 2 de outubro, permitiu que Hitler simplesmente assumisse os poderes da presidência. A partir daí, ele passou a ser o *Führer* (Líder), com poderes praticamente absolutos dentro da Alemanha.

A consolidação da ditadura, que no caso italiano levou anos, foi concluída em poucos meses na Alemanha. O uso do terror e da violência em escala muito maior, a ausência de poderes alternativos (como a Monarquia e a Igreja) e a maior capacidade de atuação do NSDAP são fatores que explicam essa diferença entre Itália e Alemanha. Eles também explicam por que os nazistas conseguiram avançar muito mais na direção do totalitarismo do que os fascistas italianos, e por que o Estado nazista, apesar de semelhante ao fascista, divergia do original italiano em muitos aspectos.

O ESTADO NAZISTA

Desde o primeiro momento, os nazistas buscaram a *Gleichschaltung*, ou seja, a total nazificação do Estado e da sociedade, e a criação de um Estado totalitário. O nazismo, na verdade, não se definia como totalitário (preferindo outros termos), justamente porque, na terminologia da época, totalitarismo significava subordinação de tudo ao Estado, enquanto a perspectiva nazista era a de que o Estado devia ser controlado pelo partido para expressar a vontade da comunidade racial do povo, a *Volksgemeinschaft*. Já os fascistas italianos se diziam orgulhosamente totalitários, mesmo sem terem conseguido, na prática, o ser, o que indica uma diferença importante entre os dois regimes.

Mesmo não adotando o termo, no entanto, os nazistas pretendiam, sim, a construção de um Estado totalitário, no qual a sociedade estaria completamente sob o controle do Estado e a ideologia nazista deveria ser seguida por todos os alemães. O projeto previa que os alemães não apenas obedecessem passivamente às ordens dos líderes nazistas, mas também fossem fiéis reprodutores da ideologia nazista. Nesse projeto, o Estado seria transformado e o partido nazista, aos poucos, iria se tornar o novo Estado, com as antigas elites cedendo lugar aos membros do partido. Essa proposta estava no coração da ideologia nazista, e a grande diferença entre Hitler e Röhm, na verdade, era mais tática do que estratégica, sobre o momento em que isso seria possível e, até lá, que acordos seriam necessários.

Desde o primeiro dia no poder, Hitler foi promulgando leis e decretos que avançavam esse projeto. De especial destaque foi uma lei intitulada *Gesetz zur Sicherung der Einheit von Partei und Staat* (Lei para garantir a união do partido e do Estado), aprovada em 1º de dezembro de 1933. Essa legislação praticamente garantia a proeminência do NSDAP dentro do novo Estado e dava prerrogativas especiais aos órgãos do partido, que passavam a ter poderes legais. Dessa forma, não apenas os órgãos do Estado foram permeados pelo nazismo e por seus representantes, como também as diversas organizações do NSDAP se tornaram cada vez mais independentes e autônomas. Com a guerra e, especialmente, depois do golpe fracassado contra Hitler por parte dos conservadores em 1944, o NSDAP se tornaria ainda mais proeminente. Basta recordar, pensando em termos simbólicos, como, apesar do *fascio littorio* ter se tornado símbolo do Estado italiano, o *tricolore* italiano, com os símbolos reais, nunca foi substituído pela bandeira do PNF, enquanto a nazista foi adotada como bandeira nacional já em 1935.

Na Alemanha, houve uma alteração do equilíbrio de forças em direção ao partido desde a consolidação do regime nazista e, especialmente, na fase final da Segunda Guerra Mundial. O projeto totalitário nazista, contudo, não foi completamente concluído, e as antigas elites e os representantes do antigo Estado continuaram a ter influência. O partido manteve espaços de poder, mas sua relevância não foi absoluta, o que tornou o "Estado dual" (partido/Estado) mais forte do que em outros locais, como na própria Itália.

O Estado nazista funcionava de uma forma um tanto anárquica, contrapondo uma liderança única com uma constelação de grupos antagônicos, oriundos do Estado, do partido e de impérios pessoais, com funções e cargos que se misturavam e rivalizavam. Ao final, o poder decisório acabava por se concentrar em Hitler. O carisma e as qualidades de Hitler como líder eram inegáveis, mas a sua liderança se sustentava, igualmente, no fato que era necessária até para que o Estado pudesse funcionar: só ele podia dar a palavra final em questões e tópicos que geravam controvérsias e disputas e fazer o regime, como um todo, funcionar. Hitler, contudo, tinha o hábito de raramente dar diretrizes claras e instruções precisas, estimulando a competição entre os vários órgãos e instituições, que tinham que imaginar o que o *Führer* queria. Isso teve uma importância crucial em diversos acontecimentos durante os 12 anos do poder nazista, desde a preparação para a guerra até o Holocausto, como será visto na seção "O mundo na visão do nazismo: o antissemitismo".

O Estado nazista, ao final, só seria derrotado pelo poder militar dos Aliados e se manteve funcionando até os últimos dias da guerra na Europa. As forças conservadoras, apavoradas pela derrota na Segunda Guerra Mundial, tentaram remover Hitler do poder em 1944, mas foi algo ocasional e sem sucesso. Dessa forma, entre 1933 e 1945, o regime de Hitler teve poderes quase absolutos para reformar a Alemanha, e depois a Europa, segundo os seus princípios e os seus ideais.

NAZISMO E SOCIEDADE

Nem todos os alemães aderiram à ideologia nazista, mas muitos o fizeram. As novas gerações, em especial, submetidas desde cedo à propaganda do regime, foram particularmente influenciadas. Já os abertamente resistentes sofreram uma repressão fortíssima, sendo executados, enviados para campos de prisioneiros ou forçados ao exílio. A maioria dos alemães, provavelmente, ficou em um estado intermediário, com a aprovação ao regime oscilando conforme os seus sucessos e fracassos.

Entre 1933 e 1939, por exemplo, a popularidade do regime foi bastante consistente. Os alemães tinham perdido a liberdade, mas havia compensações palpáveis sendo apresentadas. Em parte, elas eram simbólicas, relacionadas ao orgulho nacional. Para eles, a Alemanha havia sido humilhada ao final da Primeira Guerra Mundial e nos anos 1920, tendo que pagar reparações de guerra e assumir suas culpas no conflito. Porém, em 1939, o poder militar alemão havia sido restaurado, o vergonhoso Tratado de Versalhes tinha sido renegado e o regime em vigor avançava no sonho histórico de unir todos os falantes de alemão em um único Estado, incorporando a Áustria e os Sudetos tchecos na Alemanha. Além disso, depois de tantos anos de conflito e caos, a Alemanha parecia pacificada e sem conflitos.

Nada deu mais popularidade ao regime, contudo, do que a recuperação econômica. O nazismo rompeu com as amarras do liberalismo e começou a utilizar os poderes do Estado para fazer crescer a economia. Um dos maiores problemas da crise do capitalismo em 1929 era a falta de demanda, ou seja, o colapso do mercado privado: as pessoas não tinham dinheiro para comprar e, ao não comprarem, ampliavam-se a crise e o desemprego. A República de Weimar piorou o problema ao cortar os gastos públicos para tentar equilibrar o orçamento. O regime inverteu o quadro investindo imensas somas em armamentos e em obras de infraestrutura, como rodovias, usinas siderúrgicas e elétricas. O objetivo era duplo: de um lado, preparar o país para a guerra e, de outro, empregar o máximo possível de trabalhadores para reduzir o desemprego e estimular a atividade econômica. O resultado foi a diminuição rápida e efetiva do desemprego, o qual foi praticamente extinto em 1938, ainda que os salários médios permanecessem estagnados. Não espanta que muitos alemães tenham visto o regime com um olhar positivo nesses anos.

No entanto, essa recuperação também tinha seus problemas. Ela foi financiada, em boa medida, pela emissão de créditos e pela impressão de moeda e, para evitar a inflação, tiveram que ser adotados diversos controles de preços e salários. Os gastos militares se tornaram tão altos que logo começaram a pressionar a saúde da economia: apenas nos 2 primeiros anos de governo, o gasto militar alemão passou de 1 a 10% do PIB, e isso se acelerou nos anos seguintes. Começou a haver escassez de matérias-primas e de divisas estrangeiras e mesmo de mão de obra já em meados da década de 1930.

Essa situação ajuda a explicar, inclusive, a rapidez com que o nazismo se lançou ao expansionismo e à guerra, remilitarizando a Renânia e reinstituindo o serviço militar obrigatório (1936); apoiando Franco na Guerra Civil Espanhola a partir desse mesmo ano; anexando a Áustria (1938) e a Tchecoslováquia (1939); e, por fim, iniciando a Segunda Guerra Mundial (1939). A guerra e o expansionismo eram, obviamente, a razão de ser do regime nazista: mesmo que a Alemanha não tivesse escassez nenhuma em sua economia, a ideologia nazista levaria inevitavelmente à agressão e à guerra. É possível, todavia, que essa agressividade tenha sido estimulada pela necessidade de conseguir novas fontes de mão de obra, matérias-primas e divisas. Entre 1939 e 1945, apenas a exploração sem piedade dos territórios ocupados garantiu o funcionamento da economia alemã, e seria o saque, bem como a escravidão de outros povos, que daria a base para a prosperidade futura do povo alemão. Ideologia e necessidades materiais se complementavam.

Tropas alemãs, c. 1936. (Fotógrafo não identificado)

O regime não rompeu com a propriedade privada e, esquecendo seu antigo discurso contra o grande capital, não se opôs aos grandes cartéis e aos grupos empresariais. Pelo contrário, eles receberam investimentos públicos, tiveram imensos lucros com as novas demandas do rearmamento e o controle dos sindicatos e dos operários pelo Estado, e puderam mesmo adquirir empresas e propriedades estatais que foram privatizadas, o que levou a um apoio generalizado do empresariado a Hitler. O regime nazista não era, contudo, um sistema liberal, pois as empresas tinham que compartilhar ao menos uma parte dos seus lucros com os dirigentes e os membros do NSDAP, e não podiam se recusar a obedecer às orientações gerais e ao comando centralizado do Estado.

Em resumo, o Estado nazista tinha seus ganhadores e seus perdedores. Os grandes industriais estavam satisfeitos com seus lucros, e boa parte das elites tradicionais apreciava a "restauração da ordem" e a "recuperação do orgulho alemão", ainda que receosa pela sua evidente perda de poder e influência. Já a classe média conseguia novos empregos na inchada máquina do Estado e do partido, e uma parte dos camponeses via benefícios na política agrária do regime.

Ao mesmo tempo, as minorias raciais, políticas, nacionais e religiosas – como Testemunhas de Jeová – foram perseguidas, com destaque evidente para os judeus. Os sindicatos e as associações operárias foram transformados em órgãos do NSDAP, sendo rigidamente controlados. O padrão de vida geral melhorou, porém, mais pelo fim do desemprego do que por grandes melhorias salariais. O *status* internacional da Alemanha também se transformou, mas muitos alemães viam com receio a perspectiva, evidente, de uma nova guerra e, depois que ela começou, vivenciariam a transformação da Alemanha em um império e, no fim, a sua destruição. Em resumo, conforme a época e o grupo a que se pertencia, a avaliação sobre o nazismo era diferente. Todos tinham que lidar, entretanto, com duas características centrais do regime: a propaganda e a repressão em larga escala.

O projeto totalitário implica o uso da repressão e da propaganda em escala muito maior do que em uma simples ditadura autoritária. Uma ditadura autoritária não se preocupa, contudo, a não ser em casos especiais, em mudar comportamentos íntimos e privados, nem em criar uma nova mentalidade e uma nova cultura, mas o regime totalitário, sim. Como o nazismo alemão avançou mais na direção do totalitarismo do que o fascismo italiano, não espanta que a repressão e a propaganda nazistas tenham sido muito maiores, em escala, do que a repressão e a propaganda fascistas na Itália.

O sistema repressivo nazista se sofisticou imensamente em pouco tempo. Novas forças policiais foram criadas, como a *Geheime Staatspolizei* (Gestapo) e o serviço de segurança do partido, o *Sicherheitsdienst* (SD), e as antigas foram reorganizadas. Com o tempo, o poder policial foi se concentrando nas mãos da SS, comandada por Himmler e seu colaborador-chave, Reinhard Heydrich (1904-42). Além disso, convém recordar como a maioria das divisões da *Waffen-SS* (o braço militar da SS), criadas após o início da guerra em 1939, apesar de organizadas em um formato militar, eram essencialmente forças de polícia, com tarefas de combate à guerrilha e manutenção da ordem no espaço dominado pelos alemães.

O sistema repressivo nazista não era nem de longe onipresente e onipotente, como se cada alemão fosse vigiado por um policial. Ao final dos anos 1930, contudo, ele havia atingido capilaridade na Alemanha e nos territórios ocupados, e foi eficiente na repressão aos dissidentes e no combate aos seus inimigos, tanto que não houve revoltas contra o poder nazista e a única tentativa de golpe de Estado, em 1944, foi feita por militares. A repressão anulava as vozes dissidentes e facilitava a tarefa da propaganda, no sentido de criar um "novo alemão" e difundir os valores do regime.

Como em todos os setores de atividade do regime nazista, inúmeros órgãos e serviços, do partido e do Estado, exerciam atividades de propaganda. A sua coordenação, no entanto, estava a cargo do Ministério da Propaganda, criado já em 1933, sob a direção de Joseph Goebbels (1897-1945). A designação oficial do Ministério – *Reichsministerium für Volksaufklärung und Propaganda*, Ministério para a Propaganda e o Esclarecimento – é bastante indicativa do que se pretendia: o plano não era simplesmente levar a mensagem do regime aos alemães, mas também "esclarecê-los", levá-los "de volta para as suas raízes", dentro do processo de "regeneração nacional" proposto pelo NSDAP.

Para tanto, o regime mantinha o controle total da imprensa, da produção editorial, do rádio e do cinema, e investiu somas consideráveis na promoção da arte e da cultura, incluindo a música, o teatro, as artes plásticas, a literatura etc. Tudo aquilo que era, potencialmente, contra a ideologia nazista e/ou visto como uma negação ou subversão da cultura alemã, como as vanguardas artísticas do século XX, era reprimido; enquanto o que reforçava essa ideologia e era identificado como parte da "cultura alemã" era promovido. O nazismo, nesse sentido, dava imensa importância à ópera, à música clássica (excluídos os compositores judeus), aos autores tradicionais alemães e ao classicismo na escultura e na arquitetura.

O rádio e o cinema foram instrumentos-chave nesse esforço para incutir nos alemães uma nova identidade, a de nazista. O uso desses instrumentos inovadores de comunicação era coerente com o sentido moderno com que o nazismo percebia a política e com a sua leitura da mentalidade das pessoas comuns: era necessário apelar às emoções e aos sentimentos e não à razão, pelo que a linguagem cinematográfica era considerada a mais adequada. Além disso, esses instrumentos eram particularmente eficientes, dada a sua capacidade de atingir milhões de pessoas ao mesmo tempo com um único programa de rádio ou com um filme: mais de mil filmes pró-nazismo foram produzidos entre 1933 e 1945, ou seja, uma média de 8 por mês, sem incluir curtas-metragens ou cinejornais. Os nazistas também investiram pesadamente na produção de cartazes (como os famosos *Parole der Woche*, que se espalharam pelas cidades alemãs entre 1937 e 1943), pôsteres e outros instrumentos de propaganda.

Essa propaganda maciça atingia a sociedade de alto a baixo, mas havia um foco especial nas novas gerações. Nas escolas e nos diversos órgãos e instituições que abrigavam e instruíam crianças e adolescentes, como a Juventude Hitlerista, eles recebiam instrução paramilitar e participavam de uma ampla gama de atividades esportivas e culturais, sempre permeadas pelos princípios do NSDAP. Até álbuns de figurinhas ou quadrinhos foram criados para difundir os valores do regime, e mesmo contos de fadas ou folclóricos foram reescritos para se adequarem a esses valores.

O nazismo também investiu pesadamente no cerimonial. Desde os anos 1920, um dos diferenciais do NSDAP era o cuidado com que ele trabalhava a questão simbólica: seus uniformes e estandartes, o estilo dos seus oradores. As músicas e as marchas dos milicianos do partido eram sempre cuidadosamente coreografadas e tinham um impacto visual profundo naqueles que as acompanhavam. Depois da conquista do poder, tais eventos se tornaram ainda mais comuns. A cerimônia realizada anualmente em Nuremberg, no mês de setembro, para comemorar o Dia do Partido, por exemplo, era uma das mais importantes do calendário nazista, atraindo centenas de milhares de pessoas por ano.

Essa máquina de propaganda converteu todos os alemães em nazistas convictos? Essa é uma pergunta de difícil resposta, até porque deve ser ponderada conforme o grupo social a que se dirigia e levar em conta o momento em que ela era feita. Em 1938, com a economia alemã em recuperação, o desemprego caindo e o orgulho nacional recuperado pela volta da Alemanha ao posto de grande potência, é provável que a maioria dos alemães estivesse de acordo com suas mensagens, com exceção de parte da classe trabalhadora e de grupos considerados marginais pela propaganda nazista. Em 1942, quando a Alemanha dominava a Europa, era fácil aceitar a afirmação que os alemães eram uma raça superior e que o seu futuro parecia grandioso. Fazer o mesmo em 1945, com os soviéticos nas portas de Berlim e o país destruído pelos bombardeios aéreos de ingleses e americanos, tornava-se mais difícil. Impossível negar, contudo, a efetividade e a importância desse sistema de propaganda promovido pelo regime.

Os temas da propaganda nos indicam os valores nazistas. Eles também variaram no decorrer do tempo, conforme os acontecimentos e as reviravoltas na guerra, mas um padrão pode ser estabelecido. Os inimigos ideológicos – os comunistas, os liberais e, acima de tudo, os judeus – eram atacados de forma contínua, assim como, no decorrer da guerra, os Estados inimigos, como o Reino Unido, os Estados Unidos e, mais que todos, a União Soviética. Defendiam-se o espírito de sacrifício pela pátria, a ação sobre o pensamento, o coletivo sobre o individual, a virilidade e, no caso das mulheres, a maternidade a serviço do Estado. O orgulho racial era um ponto fundamental: a eugenia, o direito à sobrevivência do mais forte e a necessidade da mais absoluta indiferença frente ao sofrimento dos mais fracos eram defendidos. Esses tópicos nos permitem entrar no mundo ideológico nazista, na sua concepção de mundo, e entender o que a versão alemã do fascismo tinha de particular.

O MUNDO NA VISÃO DO NAZISMO: A GUERRA RACIAL

Os nazistas compartilhavam com outros fascismos o diagnóstico de crise nacional causada pelos males do mundo moderno (liberalismo, socialismo, comunismo) e a absoluta necessidade de resgatar a nação da decadência. O diferencial da versão alemã do fascismo frente à italiana, especialmente, foi a ênfase na questão racial e, como corolário, no antissemitismo. Todos os fascismos, com menor ou maior ênfase, aceitavam os princípios elaborados pelos teóricos do racismo científico do século XIX e compartilhavam a visão dos judeus como uma das fontes, senão a principal, dos males modernos.

Isso pode ser comprovado, até mesmo, pela facilidade com que os alemães encontram cúmplices para o genocídio dos judeus em toda a Europa depois de 1939: as noções de superioridade racial e o antissemitismo eram comuns no continente, e no mundo, naquele período.

No caso nazista, contudo, racismo e antissemitismo formavam a coluna vertebral da sua ideologia. O fascismo na Itália, por exemplo, não enfatizou esses pontos durante os seus primeiros 15 anos de existência, como visto no capítulo "O fascismo italiano", e mesmo assim, o regime funcionava. Já no caso do nazismo alemão, se retirarmos a noção de guerra racial e o antissemitismo do seu corpo doutrinário, ele simplesmente se desfaz. Tudo na Alemanha nazista girava ao redor da raça e do antissemitismo.

O principal elemento da ideologia nazista era, com efeito, a "raça", além da noção de "guerra racial". Na concepção do NSDAP, o "motor da história" não era a "luta de classes", como no marxismo, ou a "busca da felicidade", como no liberalismo, nem mesmo a "luta entre as nações", como proclamado pelos nacionalistas tradicionais e mesmo pelos fascistas italianos: a "luta eterna" era a travada entre as "raças humanas" pela sobrevivência. Tratava-se de uma concepção darwinista e eugênica que enfatizava a existência de uma "raça superior", germânica, destinada a comandar o mundo, em oposição às "raças inferiores", que deveriam ser escravizadas ou exterminadas pela primeira. Uma hierarquia racial, baseada no racismo científico.

Na concepção nazista, no decorrer da história, apenas a raça superior havia sido capaz de produzir cultura, beleza e progresso, e a perda da sua pureza racial, através da miscigenação, explicaria o declínio de povos e civilizações. As civilizações romana e grega, por exemplo, eram vistas como criadoras de arte e beleza no início, quando ainda não haviam perdido a pureza do seu sangue ariano. Após se miscigenarem com outros povos, contudo, sua decadência foi inevitável, colapsaram.

A concepção racial nazista também implicava uma relação com a terra natal, com o solo sagrado da pátria, que tinha raízes no romantismo e no nacionalismo *Völkisch*, o que levou a concepções como *Blut und Boden* (sangue e solo). A ideia era que os camponeses germânicos, ao longo dos séculos, haviam mantido a sua pureza racial e, quando morriam, seus corpos voltavam à terra ancestral. Dessa terra, vinham os alimentos que nutriam as novas gerações de camponeses, formando um vínculo indissolúvel entre a raça, o solo e a nação.

Na perspectiva nazista, portanto, o representante mais puro da raça ariana, o germânico, concentrava em si todas as qualidades positivas constituintes de um povo, e a única forma de preservar essas qualidades era por meio da manutenção da pureza racial. Ao mesmo tempo, era um sinal de superioridade: apenas os povos escolhidos eram capazes de manter as suas qualidades intactas através dos tempos. Por isso, os germânicos, puros e superiores, tinham o direito e até o dever de conquistar o mundo e submeter outras raças ao seu comando.

O nazismo foi tão radical nesse ponto que foi além do próprio nacionalismo. Para um nacionalista alemão tradicional, os membros da nação alemã eram os destinados a comandar a Europa e talvez o mundo. No nazismo, eram os germânicos os destinados a esse papel. Eles incluíam ainda os britânicos, os holandeses, os escandinavos e outros povos do norte da Europa, que tinham seus "defeitos", como não falarem alemão e terem culturas particulares, mas eram passíveis de, no futuro, serem assimilados pelos alemães, já que racialmente compatíveis. Isso teria parecido uma heresia para outros nacionalismos e mesmo para outros fascismos, como o italiano, o espanhol ou o brasileiro, que focavam a questão nacional e não a racial.

O regime nazista teve que moderar essa visão racial para poder fazer acordos e negociar com aliados e clientes ao redor do mundo. Quando ele se aliou aos japoneses, por exemplo, foi preciso um malabarismo retórico para justificar essa aliança em termos raciais: os japoneses seriam "arianos honorários", com qualidades marciais e uma disciplina que comprovariam o seu *status* superior. Os poloneses, os russos, os ucranianos e os sérvios eram considerados eslavos inferiores (e alguns os consideravam "não arianos"), já que se queria ocupar as suas terras, mas os búlgaros e os croatas, aliados dos alemães na guerra, nem tanto. Ou seja, as necessidades práticas muitas vezes obrigavam o nazismo a adaptar seu discurso e a adotar políticas de acomodação.

No entanto, a teoria racial elaborada pelos intelectuais nazistas vertebrava as práticas e as políticas do regime. Ele desenvolveu, por exemplo, uma série de políticas que, embora possam parecer absurdas e até incompreensíveis, faziam total sentido dentro da sua mitologia. Os nazistas lutaram para romper com os padrões cristãos de casamento, apoiando mulheres alemãs que tivessem um filho fora do matrimônio, por exemplo, o que levou a atritos com a Igreja Católica. Eles também raptaram crianças de "estoque germânico" nascidas fora da Alemanha (na Eslovênia ou na Ucrânia, por exemplo). Essas crianças eram selecionadas segundo os critérios antropológicos do regime (cor dos olhos e do cabelo, formato do crânio etc.) – os quais em tese seriam capazes de identificar a origem germânica – e enviadas para adoção na própria Alemanha. A lógica era que todo o "sangue germânico" deveria retornar para o país de origem – a Alemanha. No mesmo prisma, o regime estimulava a união de soldados alemães com mulheres da Noruega ou da Holanda, de forma a produzir novos "arianos puros", ao mesmo tempo que assassinava doentes mentais e deficientes físicos nascidos na própria Alemanha, filhos de alemães.

Os homossexuais também foram perseguidos, mas não necessariamente por uma questão moral, mas porque relacionamentos com o mesmo sexo não produzem descendentes, o que, portanto, seria "um crime contra o povo alemão". Já a arte nazista enfatizava as imagens de homens viris e mulheres loiras e atléticas, com seios e quadris proeminentes, estereótipo da futura mãe alemã. O objetivo dessas e de tantas outras iniciativas natalistas era sempre o de aumentar o número de alemães "saudáveis" e, especialmente, prontos para a guerra, "soldados de Hitler". Por fim, vale recordar como, durante a guerra, dinamarqueses e noruegueses, por exemplo, foram muito mais bem tratados, já que eram povos germânicos, pelos ocupantes alemães, do que os poloneses e os russos, povos eslavos. O racismo (combinado com a eugenia) dava sentido às ações e às políticas adotadas pelo Estado nazista, dentro e fora da Alemanha.

O racismo e a eugenia também explicam as aparentes contradições das políticas sociais e da medicina nazista. O regime implantou ou reforçou medidas de cunho social na Alemanha, como assistência médica, auxílio aos desempregados e apoio aos órfãos e às viúvas. Ao mesmo tempo, o esporte e o cuidado com a saúde eram enfatizados, com campanhas para combater o tabagismo e a tuberculose. O próprio Hitler era abstêmio, não fumava e era vegetariano. A lógica aqui, da mesma forma, era racial e eugênica: um membro da raça germânica tinha o dever de cuidar da sua saúde, pois seu corpo pertencia ao coletivo, e, por ser membro desse coletivo, ele tinha direito à assistência e apoio. Cuidar da saúde e da higiene (vista na perspectiva de limpeza e pureza) era igualmente um modo de garantir a beleza (nos termos nazistas, obviamente), a ser expressa também na arte e na cultura.

A higiene, a pureza e a limpeza, contudo, eram objetivos a serem atingidos também pela eliminação dos "indesejáveis", vistos como "micróbios que contaminavam o corpo racial". Excluir os comunistas e os socialistas da sociedade (enviando-os para campos de concentração), bem como expulsar e depois assassinar os ciganos e os judeus, era visto como uma "profilaxia racial", como a aplicação de um antibiótico em um corpo doente. Os mesmos ideais médicos que levavam o Estado a cuidar da saúde dos alemães eram os que justificavam as câmaras de gás nos campos de extermínio. A saúde e a beleza do corpo alemão tinham o seu preço.

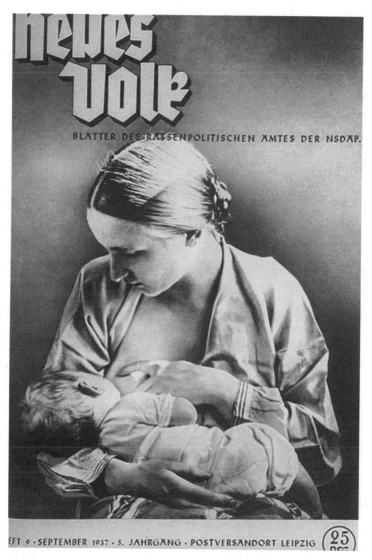

A mulher alemã ideal: a mãe germânica.
(Capa da revista nazista *Neues Volk*, setembro de 1937. Library of Congress)

A obsessão racial igualmente explica a relação muito mais tensa do nazismo com o cristianismo e, acima de tudo, com a Igreja Católica, do que a mantida pelos fascismos na Itália e na América Latina, por exemplo. A Igreja representava uma identidade alternativa à uniformidade pretendida pelo nazismo, e valores cristãos como amor ao próximo e solidariedade eram incompatíveis com a ideia da guerra racial permanente.

O imaginário nazista estava permeado de tal forma pelas teorias raciais que até os sucessos e os fracassos na guerra, a partir de 1939, eram avaliados por essa perspectiva. Durante a fase de sucessos no campo de batalha, entre 1939 e 1942, a superioridade dos germânicos sobre os latinos e os eslavos teria sido demonstrada. Já no momento da derrocada, entre 1943 e 1945, a explicação também era racial: os ingleses e americanos que avançavam na frente ocidental eram germânicos, portanto, tinham qualidades marciais e eram capazes de derrotar os alemães. Tinham sido, contudo, enganados pelos judeus, que os haviam induzido a lutar contra seu povo irmão, o alemão. Já na frente oriental, a única explicação possível para o fato de os eslavos e os povos da Ásia Central, alistados no Exército Vermelho, derrotarem fragorosamente os alemães era que eles eram conduzidos pelos judeus, "força do mal". Sem essa liderança, uma raça inferior como a eslava não seria capaz de triunfar sobre a alemã, justificavam.

O MUNDO NA VISÃO DO NAZISMO: O ANTISSEMITISMO

Na mitologia racial nazista, um lugar especial estava destinado aos judeus. Em parte, eles exercem um papel apenas instrumental na ideologia nazista. Ela precisava, para conseguir o efeito de união nacional desejado, de um "outro", de um inimigo claro e definido que explicasse a existência de todos os males e que deveria ser combatido. Dada a longa tradição antissemita na cultura europeia e o fato de os judeus serem a principal, senão a única, minoria étnica na Alemanha naqueles anos, eles foram uma escolha lógica para assumirem esse papel.

A questão, contudo, é mais complexa. Na mitologia nazista, a pureza racial significava força e acreditava-se que os judeus a haviam mantido ao longo dos milênios, o que lhes daria qualidades especiais e o potencial para desafiar a raça ariana pelo controle do mundo. Duas raças escolhidas, especiais, mas uma representando o bem e a outra, o mal. Os judeus, portanto, não eram considerados simplesmente uma raça inferior a ser escravizada, como a eslava, ou uma raça asiática transplantada na Europa e que os nazistas julgavam essencial exterminar, em uma "missão de limpeza", como os ciganos. Os judeus eram uma ameaça cósmica, um inimigo a ser combatido em todos os locais e em todas as circunstâncias. Todo o mal do mundo vinha dos judeus e apenas pela sua eliminação é que a utopia nazista poderia se realizar.

Essa mitologia era, obviamente, algo sem base na realidade e a maioria do povo alemão não era antissemita antes de 1933, ainda que amplos setores da direita radical o fossem. O antissemitismo estava muito mais presente, nas décadas anteriores, na França e na Europa Oriental do que na Alemanha. O regime nazista, tanto por acreditar nos seus mitos como por ser conveniente ter um inimigo maior a combater, trabalhou arduamente para convencer os alemães a odiarem os judeus e, por fim, para converter muitos em assassinos.

Outro diferencial do antissemitismo nazista frente a outros era a forma pela qual os nazistas percebiam os judeus, saindo de uma perspectiva religiosa e cultural para uma biológica. No antissemitismo cristão, ser judeu era uma questão religiosa e a conversão ao cristianismo podia transformar um judeu em um cristão. Na perspectiva liberal, os judeus deviam ser integrados à sociedade através da concessão a eles dos direitos de cidadania, o que foi feito na maior parte dos Estados europeus no século XIX. Tons racistas sempre estiveram presentes nessas perspectivas, tanto que era comum, nas sociedades europeias, desde a Era Moderna, que os cristãos descendentes de judeus convertidos ou que tinham recebido a cidadania há pouco tempo fossem vistos com desconfiança e desprezo. Mas havia a possibilidade de deixar de ser judeu, e ao menos uma boa parte das comunidades judaicas europeias acolheu positivamente essa possibilidade de integração. O racismo científico do século XIX tornou a questão meramente biológica. Hoje, falaríamos em genes, na época se mencionava o sangue. Se uma pessoa tivesse "sangue judeu", mesmo que convertida ao cristianismo ou não praticante, era considerada judia. A grande questão passava a se definir o quanto de "sangue judeu" era aceitável e o quanto não.

A racialização extrema também levou a uma confusão entre os valores judaicos e o povo judeu. Não era incomum, no pensamento da direita radical europeia do século XIX, a identificação do judeu com os males do mundo moderno. O liberalismo, o socialismo, a democracia, o nacionalismo, o capitalismo e tantos outros "ismos" que haviam destruído a ordem tradicional, depois de 1789, teriam origem nos judeus e na mentalidade judaica. Não foi incomum, a partir dessa perspectiva, que surgissem propostas dizendo que a única forma de recuperar o mundo antigo seria excluir e eliminar os judeus da vida social, expulsá-los e até assassiná-los. Havia outros pensadores, contudo, que acreditavam que o problema eram os supostos valores judaicos (materialismo, internacionalismo, anticristianismo) e que mesmo os cristãos podiam ter esses valores. A questão, portanto, era eliminar esses valores pela recristianização da sociedade, não necessariamente atacar os judeus como grupo.

O nazismo não aceitava isso e, novamente seguindo uma perspectiva eugênica, acreditava que apenas a eliminação dos judeus do corpo racial alemão garantiria a regeneração nacional. Já que eles não podiam ser assimilados nem convertidos e seriam, em tese, os maiores inimigos do povo alemão, a expulsão, a emigração forçada e, posteriormente, o assassinato em massa eram as únicas opções.

A História do Holocausto já foi contada por milhares de historiadores e, pela sua própria magnitude, mereceria um espaço mais amplo para discussão. Aqui vale, contudo, recordar como o extermínio físico do povo judeu fazia sentido dentro da mitologia antissemita nazista e do seu culto à violência como forma de resolver problemas.

Havia provavelmente membros do NSDAP pensando no extermínio físico dos judeus já nos anos 1920, mas essa não era a posição dominante na época. O plano inicial era excluí-los da vida social, expulsando-os de seus empregos e posições, humilhando-os e confiscando seus bens, para estimulá-los a emigrar (de fato, dezenas de milhares de judeus o fizeram). Contudo, depois de 1939, quando a Alemanha conquistou a Polônia, a Ucrânia e outras áreas com populações judaicas numerosas, o problema se tornou muito maior: o regime agora tinha milhões de judeus sob o seu domínio e não havia como obrigá-los a emigrar. As pressões da guerra e as contingências práticas (como a escassez de alimentos e a luta contra as guerrilhas) acabaram por conduzir a liderança nazista à decisão de exterminar o povo judeu. Mas essa decisão nunca teria sido tomada se essa liderança não acreditasse realmente nos seus mitos, que estava fazendo o correto.

A GUERRA E O FIM DO NAZISMO

A guerra radicalizou o regime e, ao final, conduziria à sua queda. Na perspectiva do nazismo, a guerra era um valor fundamental. Era pela guerra que se submeteriam os povos e as nações inferiores ao domínio da raça superior e se construiria um império mundial. Era pela militarização da sociedade que se produziria o soldado perfeito para conquistar e gerir esse império. A guerra serviria, igualmente, para eliminar os fracos e acelerar a seleção natural, produzindo novas gerações de alemães cada vez mais implacáveis, prontos a matar e morrer pela Alemanha. Hitler teria afirmado, até mesmo, que esperava que a guerra fosse eterna, a fim de garantir que nunca os alemães se tornassem acomodados e fracos.

A política internacional da Alemanha nazista também visava, contudo, a objetivos práticos e imediatos. Todos os povos de língua alemã (e, posteriormente, os germânicos) seriam reunidos dentro da fronteira da Alemanha, e seria estabelecida a hegemonia alemã na Europa Ocidental e nos Bálcãs. Por fim, um grande império colonial alemão seria estabelecido na Europa Oriental e na Rússia, abrangendo o Cáucaso e chegando até os montes Urais. No futuro, se fosse possível, grandes áreas do Oriente Médio e da África também poderiam ser conquistadas. A América Latina e outras regiões do globo ficariam sob a influência econômica, comercial e cultural da Alemanha (em parte, pela presença das comunidades de imigrantes alemães) e, em um futuro distante, talvez fosse necessária uma batalha final para a conquista do planeta todo. Nesse caso, o único rival remanescente a ser derrotado seriam os Estados Unidos. O considerado desejável e factível de imediato, entretanto, era o controle da Europa e dos espaços entre Berlim e Moscou.

Nenhum desses objetivos pareceria muito estranho ou absurdo a um militar ou diplomata da Alemanha imperial, que fez a guerra entre 1914 e 1918, em boa medida, para atingi-los. O nazismo, contudo, acrescentou a esse quadro a sua obsessão racial e o seu ódio ao comunismo soviético. A questão não era mais apenas construir um império, mas também remodelar totalmente, em uma grande obra de engenharia populacional, o cenário racial do continente e destruir por completo os grandes inimigos ideológicos do regime, com destaque para a União Soviética. O fato de esse país ser eslavo, comunista e, na visão nazista, dominado pelos judeus ajuda a compreender a brutalidade e a violência desenfreadas que as tropas alemãs levaram para aquela região, enquanto seu comportamento na Europa Ocidental foi violento, mas em escala menor. Basta lembrar como os prisioneiros de guerra americanos e britânicos eram tratados seguindo as normas internacionais, enquanto milhões de soldados soviéticos capturados foram simplesmente condenados a morrer de fome, em um assassinato planejado.

As perspectivas e os mitos nazistas estavam tão presentes no regime que este, mesmo em plena guerra, não conseguiu escapar deles, o que colaborou para a sua derrota. O regime subestimou, por exemplo, a coragem e a obstinação dos soviéticos em se defenderem, e superestimou as possibilidades de um acordo de paz com o Reino Unido, país considerado um "irmão racial". Também desprezou os Estados Unidos, vistos como um país "decadente e materialista", esquecendo-se do seu potencial econômico e militar quase inexaurível.

Hitler e a liderança nazista também não entendiam, tão obcecados que estavam com o poder da violência, os sistemas imperiais de outros países. Eles viam como prova de superioridade racial, por exemplo, a experiência britânica na Índia, onde um punhado de britânicos dominava centenas de milhões de pessoas. Eles não enxergavam, contudo, a capacidade britânica em fazer acordos com as elites locais e, com isso, construir uma hegemonia mais econômica, partilhando os seus frutos com elas. Essa visão equivocada impediu os nazistas de cooptarem, como aliados, diversos povos habitantes da União Soviética que se opunham ao poder soviético. A opção oferecida a eles era apenas morte ou escravidão, e isso estimulou a resistência em todo o continente.

No caso dos judeus, o seu extermínio passou a ser considerado, pelos motivos apresentados, não uma tarefa acessória em uma guerra mundial, mas a principal batalha a ser travada. Enormes recursos econômicos e militares foram transferidos para construir campos de extermínio e conduzir milhões para a morte. Um uso mais racional da mão de obra judaica (e eslava) poderia ter ampliado a produção bélica alemã em um momento em que os Aliados se impunham, mas essa era uma acomodação com a realidade que a ideologia nazista não permitia, o que enfraqueceu o esforço de guerra alemão.

O caos do sistema político e econômico nazista também colaborou para a produção de guerra alemã ser menor do que o possível. Além de uma preferência pela qualidade sobre a quantidade e do problema da escassez de matérias-primas, especialmente petróleo, a produção de tanques, aviões e outras armas era dificultada pela competição entre o partido e o Estado, as várias instituições e grupos que giravam ao redor de Hitler e os feudos pessoais.

O comunismo soviético e o liberalismo anglo-saxão conseguiram organizar e mobilizar suas sociedades para a guerra de uma forma muito mais eficiente do que o nazismo, e isso selou a sua derrota. Após uma fase inicial de sucesso, entre 1939 e 1942, os alemães foram essencialmente esmagados pelo poder econômico e militar combinado dos três maiores impérios do mundo (o Britânico, o Americano e o Soviético) e seus aliados.

Até o fim, Hitler não acreditou que era possível aos *Untermenschen* (os sub-humanos) vencer os *Übermenschen* (os super-homens) e, mesmo quando as bombas soviéticas destruíam Berlim, ele ainda recomendava aos alemães, em seu testamento, combater os comunistas e exterminar os judeus. Seus remanescentes e simpatizantes, ainda presentes na sociedade alemã, adaptam os ideais nazistas para o século XXI (substituindo o judeu pelo imigrante africano ou asiático, por exemplo) e têm adquirido um espaço cada vez maior na política da Alemanha. O regime nazista, contudo, desapareceu da história em 1945 e, de forma coerente com o seu endeusamento da guerra, em uma grande batalha épica, na qual, todavia, foram os "super-homens germânicos" os derrotados.

O fascismo no continente europeu

Sendo um produto, essencialmente, da cultura e da forma de conceber a política europeia, faz todo o sentido que o fascismo tenha tido desdobramentos no continente, para além da Alemanha e da Itália. Tais desdobramentos foram de vários tipos, refletindo conjunturas específicas, culturas políticas e tradições particulares, além de diferentes níveis de desenvolvimento econômico. Para facilitar a apresentação, a dividiremos em áreas geográficas e, ao mesmo tempo, estabeleceremos alguns eixos de análise que, trabalhados dentro do recorte geográfico, podem facilitar a nossa tarefa de compreender o fascismo no continente europeu.

O primeiro é diferenciar entre regiões nas quais a matriz fascista italiana foi mais popular, e outras em que o nazismo alemão serviu de base para os fascismos locais. O segundo é separar os movimentos e os partidos propriamente fascistas dos conservadores e reacionários, e identificar os casos de hibridismo ou de influência mútua. O terceiro é entender como democracias e ditaduras, normalmente conservadoras, lidaram com o desafio de ter fascistas dentro de suas sociedades. O quarto é compreender as contradições, por disputas nacionalistas dentro e entre os diversos países, entre as agendas imperiais e nacionalistas dos vários movimentos e regimes. Por fim, o último eixo será discutir a influência da guerra no desenvolvimento do fascismo europeu, com ênfase nos impactos da Primeira Guerra Mundial, da Guerra Civil Espanhola e da Segunda Guerra Mundial.

Usando a base geográfica e esses eixos analíticos, o capítulo se iniciará pela Europa Ocidental, focando os casos britânico e francês, mas englobando também a Suíça, a Escandinávia, a Irlanda, a Holanda e a Bélgica. A seguir, o foco recai sobre a Europa Oriental, com destaque para os casos romeno e húngaro, mas incluindo também as diversas nações balcânicas e a Polônia, entre outras. Por fim, será vista a península ibérica, distinguindo os casos de Portugal e da Espanha, salientando especialmente a Guerra Civil Espanhola.

A EUROPA OCIDENTAL

Na Escandinávia, o fascismo, na década de 1920, atraiu adeptos e simpatizantes, mas em número reduzido. Na década seguinte, os ideais do nazismo alemão repercutiram com mais intensidade nessa região, o que fazia sentido, dada a valorização extrema que os nazistas faziam dos povos germânicos ou nórdicos e o fato de que os países escandinavos eram, proporcionalmente, os "mais nórdicos" de todos. Até por isso, o fascismo nessa região, apesar de manter os ideais nacionalistas (o fascismo dinamarquês queria até mesmo um pedaço do território alemão), também tinha um caráter transnacional ainda mais forte do que em outras regiões: ser nórdico era mais importante do que ser dinamarquês ou sueco, e a aliança com a Alemanha foi especialmente cultivada.

Partidos foram fundados na esteira dos sucessos nazistas: o *Danmarks Nationalsocialistiske Arbejderparti* (1930), na Dinamarca; o *Nasjonal Samling*, na Noruega (1933); e o *Flokkur Þjóðernissinna*, na Islândia (1934). Na Suécia, o *Sveriges Fascistiska Folkparti* (depois *Svenska nationalsocialistiska partiet*), fundado em 1926, tinha inspiração inicial na Itália, para depois também se aproximar do NSDAP alemão. Eles nunca conseguiram sucesso eleitoral e as elites políticas desses países, predominantemente social-democratas, restringiram o seu espaço político, o qual só seria um pouco ampliado durante a ocupação alemã.

Apenas a Finlândia teve um movimento fascista mais consistente, o *Lapuanliike*, criado em 1929 e que tentou mesmo um golpe de Estado em 1932. Colocado na ilegalidade, foi substituído pelo *Isänmaallinen kansanliike*, que durou até 1944. Na Finlândia, o fascismo teve mais sucesso eleitoral que em outros lugares, especialmente pelo contexto particular do país, onde o anticomunismo, até pela proximidade com a União Soviética, estava muito mais presente. Ainda assim, não conseguiu chegar ao poder, mesmo quando a Finlândia aliou-se à Alemanha nazista, depois de 1941.

O cenário finlandês se repetiu nos países bálticos, nos quais o anticomunismo e o medo da URSS alimentavam os partidos e os movimentos da direita radical, mas onde eles nunca conseguiram grande espaço eleitoral nem o poder, mantido sob o controle das elites, conservadoras ou socialistas, locais. Nesses países, o fascismo surgiu mais cedo, já nos anos 1920; apenas na Letônia, o fascismo local, o *Pērkonkrusts*, foi fundado um pouco mais tarde, em 1933, ainda que absorvendo movimentos anteriores. A especificidade báltica é que, apesar da simpatia por aspectos do nazismo alemão, a sua inspiração maior era a Itália. Em boa medida, isso se deu pelo fato de os nacionalismos locais terem um foco antialemão, contra a minoria alemã que dominava esses países havia séculos.

Na Suíça e na Irlanda, o fascismo não teve um grande desenvolvimento. Em ambos os casos, os fascismos locais não conseguiram maior sucesso eleitoral nem participação no poder, dada a rejeição popular e das elites a eles, bem como a força do sistema democrático. Mesmo assim, vale a pena destacar esses casos, pois indicam com precisão a relação do fascismo com o universo católico e conservador e o choque nacionalista.

Na Irlanda, em 9 de fevereiro de 1932, foi fundada em Dublin a *Army Comrades Association* (ACA), com o objetivo inicial de proteger as atividades do partido conservador *Cumann na nGaedheal* contra o *Irish Republican Army* (IRA). Em março do ano seguinte, seus militantes começaram a utilizar camisas azuis, pelo que ficaram conhecidos como *Blueshirts* e, em julho, passaram a ser liderados por Eoin O'Duffy (1890-1944). Ele a rebatizou de *National Guard* e reforçou a sua identidade fascista, adotando a estética do fascismo italiano e alguns de seus princípios ideológicos, como o corporativismo, além de reforçar a sua defesa do catolicismo, até como forma de atrair o apoio da Igreja irlandesa.

Em agosto de 1933, o movimento planejou uma grande marcha em Dublin, a qual seria, segundo o governo, uma tentativa de replicar a Marcha sobre Roma, de Mussolini. Ela acabou não acontecendo, mas o governo, mesmo assim, proibiu a *National Guard* de funcionar. Como resposta, dois partidos conservadores – o *Cumann na nGaedheal* e o *National Centre Party* – uniram-se à *National Guard* para formar um novo partido, o *Fine Gael*, tendo O'Duffy como presidente. A proposta era acumular forças para derrotar o governo, futuramente, nas urnas.

Em meados de 1934, contudo, nas eleições gerais, o *Fine Gael* sofreu uma grande derrota e os *Blueshirts* começaram uma trajetória descendente: o número de militantes declinou, assim como o prestígio de O'Duffy. Os conservadores reviram a sua posição, e pararam de abrigar e apoiar os fascistas dentro do seu bloco, enquanto a hierarquia católica, apesar de simpática a O'Duffy, também preferiu ficar distante. Em setembro de 1934, O'Duffy foi obrigado a deixar o partido. A partir daí, ele radicalizou a sua opção pelo fascismo, participando de encontros com lideranças fascistas na Europa e fundando, em junho de 1935, o *National Corporate Party*, abertamente fascista. Seus membros utilizavam a camisa verde, pelo que ficaram conhecidos como *Greenshirts*, e enviaram um batalhão para apoiar Franco na Guerra Civil Espanhola. Em 1937, contudo, o partido, que nunca teve muita expressão popular, já havia cessado de existir, e O'Duffy permaneceu isolado e sem força política até seu falecimento, em 1944.

Se o caso irlandês indica perfeitamente as idas e vindas no relacionamento entre conservadores e fascistas, o suíço é emblemático dos choques nacionalistas. Em um país com tradições democráticas sólidas e pouco afetado pelos traumas da Primeira Guerra Mundial, o fascismo nunca teve grande repercussão e espaço. As organizações que surgiram, contudo, acabavam por refletir as diferenças linguísticas dentro da Suíça: os diversos movimentos fascistas se dirigiam geralmente às comunidades de língua italiana, alemã ou francesa, e recebiam financiamento e/ou mantinham contato com os fascismos dos países vizinhos. Uns poucos, como o *Front National*, fundado em 1930, tentavam apelar a "todos os suíços", mas com pouco sucesso. O apelo nacionalista, tão vital no fascismo, tinha pouco espaço em um país multicultural como a Suíça. O fato de Alemanha e Itália terem ambições de anexar territórios suíços também ajudou a diminuir o apelo dos movimentos fascistas, pois ficava estranho receber apoio interno e se identificar com o vizinho que planejava a invasão da Suíça.

Com algumas variações, o mesmo aconteceu na Bélgica, onde os relativamente pequenos (10-15% do eleitorado no seu auge) movimentos fascistas locais se dividiam entre o rexismo de Léon Degrelle (1906-1994), na Valônia, de língua francesa, e o *Vlaamsch Nationaal Verbond*, em Flandres. O primeiro tinha maior influência católica (ainda que a Igreja tivesse reticências quanto a suas propostas totalitárias) e do fascismo italiano (assim como do falangismo espanhol), pregava a regeneração moral da Bélgica pelo fascismo e defendia a unidade nacional, enquanto o segundo estava mais próximo dos princípios raciais nazistas e queria a separação de Flandres da Bélgica.

Na Holanda, igualmente, o *Nationaal-Socialistische Beweging in Nederland*, fundado em 1931 por Anton Mussert (1894-1946), teve alguma relevância em termos de militância e eleitorado, mas perdeu popularidade devido aos seus crescentes vínculos com o nazismo e pelo seu antissemitismo cada vez mais exacerbado, o qual não era popular na Holanda. Os conflitos nacionalistas também atrapalhavam: os alemães, que consideravam os holandeses um povo germânico irmão, queriam anexar a Holanda, enquanto os nazistas holandeses desejavam não apenas a independência, mas também anexar Flandres, o que dificultava, ainda que não impedisse, a cooperação.

Outro país onde essas questões adquiriram relevância foi a França. Ali se deu a origem, a partir de 1789, da política moderna e de boa parte dos conceitos e das topografias com que analisamos o político e o social. A França foi o local em que o iluminismo mais se desenvolveu e, depois de 1789, o Estado francês seguiu, ao menos em parte, seus princípios. No Hexágono (como a França é conhecida, em virtude do contorno do território, que se assemelha a essa forma geométrica), o liberalismo e a esquerda se tornaram atores de peso e, até por oposição, foi lá que a direita radical, monárquica e católica se desenvolveu com mais intensidade, desde meados do século XIX. Dessa forma, em certo sentido, o fascismo, ao menos em um estágio primordial e em algumas de suas bases ideológicas, também surgiu dali. Contudo, ele não conseguiu chegar ao poder na França, pelo contrário, enfrentou uma resistência interna intensa, especialmente por parte da esquerda.

Durante os anos 1920 e 1930, um grande número de ligas e movimentos de direita radical, conservadores ou reacionários, estava presente na França. Alguns deles eram simpáticos ao fascismo italiano e dele copiavam certos aspectos, como o recurso à violência nas ruas, mas não todo o programa fascista. Entre eles, podemos citar os *Jeunesses Patriotes*, que atuaram especialmente em Paris de 1924 a 1936; o *Faisceau*, fundado em 1924 e extinto poucos anos depois; além da *Action Française*. Cabe mencionar também o *Croix-de-Feu* (1927-36), o qual se converteu no *Parti Social Français* em 1936. Sob a liderança do coronel François de La Rocque (1885-1946), tinha alguma simpatia por aspectos do fascismo italiano (mas não do alemão), porém a sua essência era a fidelidade à República e aos ideais conservadores, tanto que se converteu em um dos principais partidos no Parlamento naqueles anos.

Já outros partidos franceses eram abertamente fascistas, com destaque para o *Parti Populaire Français*, fundado por Jacques Doriot (1898-1945), em 1936, e para o *Mouvement Franciste* de Marcel Bucard (1895-1946), o qual, fundado em 1933, recebeu inclusive financiamento da Itália de Mussolini e se apresentava claramente como "o fascismo na sua versão francesa". Também havia o *Rassemblement National Populaire*, que durou de 1941 a 1944, e o grupo *La Cagoule*, o qual cometeu inúmeros atos de terrorismo e assassinatos entre 1936 e 1938. Todos eles conseguiram algum apoio popular e colaborariam ostensivamente com os ocupantes alemães a partir de 1940.

O hibridismo, a ida e a vinda de pessoas e propostas entre esses vários grupos dentro da direita também foram comuns, o que confunde os historiadores ainda no século XXI. Importante recordar, nesse ponto, um ator fundamental: a *Action Française*, fundada em 1899 e liderada por Charles Maurras (1868-1952). Seu objetivo inicial era se opor à mobilização da esquerda durante o famoso Caso Dreyfus, mas ela logo se tornou um dos movimentos mais expressivos da direita radical na França e no mundo, influenciando mesmo movimentos semelhantes na península ibérica, na Itália, na Argentina, no Brasil e em outros locais. Fazia firme oposição ao liberalismo e à esquerda, desejando eliminar o legado de 1789 e implantar o corporativismo. Ela também tinha uma milícia, *Camelots du Roi*, criada em 1908 para a luta nas ruas contra seus inimigos, era xenofóbica e antissemita. Esses são todos traços que os fascistas compartilhavam, mas, ao mesmo tempo, a *Action Française* defendia o catolicismo como religião de Estado e era favorável à restauração monárquica.

De qualquer modo, o fascismo, na França, adquiriu raízes e teve ampla repercussão popular. Em um país com fortes sindicatos e expressivos partidos socialistas, comunistas e radicais, e onde a esquerda chegou mesmo ao poder (entre 1924 e 1926; entre 1932 e 1934; e entre 1936 e 1937, com a Frente Popular), era fácil mobilizar o medo do comunismo e angariar financiamento e apoio de industriais e grandes proprietários. Além disso, o número de veteranos de guerra era substancial e as tradições da direita tinham raízes na França, o que facilitou o crescimento do fascismo por lá.

Ao mesmo tempo, a própria força da esquerda e da direita tradicionais restringiu o espaço para o fascismo francês. Se houve um lugar onde o antifascismo teve base popular e repercussão política, nos anos 1930, foi a França. O fato de os fascistas serem incapazes de encontrar um líder único também atrapalhou, assim como tanto o fascismo italiano quanto o alemão terem um olhar negativo sobre a França, o que dificultava, ainda que não impedisse, a colaboração entre eles. O sistema político francês demonstrou ser sólido o bastante para lidar com os desafios da época sem que fosse preciso recorrer ao fascismo. O poder do Estado foi utilizado não só para abrandar os efeitos da crise econômica mundial entre os camponeses, veteranos e operários, como também para reprimir os fascistas quando necessário. Em 6 de fevereiro de 1934, por exemplo, quando várias ligas e movimentos mencionados se uniram em protestos violentos contra o governo de esquerda em Paris, a polícia abriu fogo e matou 17 manifestantes; logo após, o governo proibiu vários desses grupos. O fascismo francês só renasceria com alguma força após a ocupação alemã.

No Reino Unido, a solidez do sistema político e a força da direita tradicional, conservadora, e da esquerda não deram grande espaço para o fascismo. Além disso, o governo deu respostas, ainda que limitadas, para os problemas dos veteranos de guerra, dos desempregados etc. Muitos conservadores, na verdade, admiravam Mussolini e consideram o seu regime algo positivo, mas poucos desejavam replicar o mesmo em solo britânico. Ainda assim, o fascismo britânico chegou a ser muito visível, até porque ele conseguiu se articular em um único movimento, a *British Union of Fascists* (BUF), fundada em 1932, e também porque ele foi conduzido e comandado por um dos líderes fascistas mais carismáticos daquela década, Oswald Mosley (1896-1980).

A BUF não foi o único movimento fascista britânico. Desde os anos 1920, o exemplo de Mussolini levou à fundação de vários grupos, como *British Fascists* (1923-34), *British National Fascists* (1924-8), *Imperial*

Fascist League (1929-39) e outros. A maioria deles ou se integrou à BUF ou perdeu relevância depois do crescimento exponencial desta última. Oswald Mosley e a BUF são a face visível do fascismo britânico naqueles anos.

A *British Union of Fascists* repetia essencialmente o mesmo diagnóstico de crise do fascismo italiano e de outros, e propunha soluções semelhantes a ele para a "decadência nacional", como o combate à esquerda, o corporativismo, o capitalismo controlado, a integração das massas no corpo da nação via partido único e a mobilização popular, especialmente da juventude etc. Como também aconteceu com outros fascismos da Europa Setentrional, o inglês oscilou ideologicamente, de uma perspectiva italiana para uma alemã do fascismo, o que o levou a dar uma ênfase maior, a partir de meados da década de 1930, ao antissemitismo. Ele refletia, da mesma forma, algumas especificidades britânicas: aceitava, por exemplo, a presença dos católicos, tradicionalmente discriminados naquela sociedade, nas suas fileiras, em nome da unidade nacional e, igualmente, ressaltava a sua fidelidade à Monarquia.

A BUF cresceu de maneira acentuada por alguns anos, chegando a algumas dezenas de milhares de militantes e a um número ainda maior de simpatizantes, mas ela começou a perder influência já a partir de 1936. Muitos conservadores retiraram o seu apoio, à medida que o partido se aproximava cada vez mais de Hitler, acentuava seu antissemitismo e assumia uma postura violenta nas ruas. A esquerda, por sua vez, criou frentes antifascistas de peso e se mobilizou para a luta contra o fascismo. Em 4 de outubro de 1936, na chamada *Battle of Cable Street*, em Londres, por exemplo, os antifascistas, apoiados pela polícia londrina, impediram uma grande manifestação da BUF. Na Inglaterra, além disso, a direita radical, antiliberal, tinha tido raízes menos fundas do que em outras partes da Europa, até porque o seu grande espaço nos séculos XVIII e XIX, a Igreja Católica, tinha uma influência limitada na sociedade local, o que também dificultou os projetos fascistas. A BUF entrou em decadência na segunda metade da década de 1930 e foi formalmente eliminada com o início da guerra, em 1939.

Na Europa Ocidental, portanto, o fascismo foi importante, sendo a sua versão italiana mais popular nos países latinos e a alemã nos germânicos. Em vários locais, ele se tornou um movimento popular, mas, em geral, a força do sistema democrático, a relutância conservadora em se comprometer com os fascistas além de certo ponto e a capacidade da esquerda de resistir impediram a sua chegada ao poder.

Oswald Mosley sendo saudado por militantes da BUF. Bristol, 1934. (Fotógrafo não identificado)

A EUROPA ORIENTAL

A Europa Oriental é um ótimo laboratório para, novamente, pensar as diferenças e as aproximações entre conservadores e fascistas, e recordar como os conflitos nacionalistas e o imperialismo alemão dificultavam, muitas vezes, a expansão do fascismo em outros países.

Na Polônia, que se tornou independente apenas em 1918, o traço dominante em termos políticos, nos anos entre as duas guerras mundiais, era o autoritarismo, centrado, em especial, na figura do general Józef Piłsudski (1867-1935). Especialmente depois do golpe de Estado de 1926, um governo autoritário foi estabelecido no país, o qual, apesar de não ser formalmente uma ditadura e manter certas liberdades democráticas, não permitia a livre disputa pelo poder, reprimia os comunistas e os dissidentes, e expressava um nacionalismo polonês que focava o catolicismo. O antissemitismo, apesar de muito presente em um país onde um em cada dez habitantes era judeu, não foi uma política de Estado antes da morte do general Piłsudski e, mesmo depois, o Estado polonês foi relativamente moderado nessa questão, apesar de restringir certos direitos e ver com bons olhos a polonização do país, ou seja, reduzir o peso demográfico das minorias judaica, ucraniana e alemã em favor dos poloneses católicos e incentivar a emigração dos judeus para a Palestina.

De qualquer forma, em um cenário no qual o nacionalismo, o antissemitismo e o anticomunismo (manifesto, inclusive, em uma profunda desconfiança e temor frente à vizinha União Soviética) estavam presentes na cultura nacional e se expressavam na política, o fascismo poderia ter criado raízes profundas e se tornado uma alternativa real ao poder. No entanto, isso não aconteceu. Desde os anos 1920, simpatizantes do fascismo existiam na Polônia e o partido do governo, conservador, abrigava alas que propunham o fascismo como a solução dos problemas poloneses. Em 1934, elas se uniram no *Stronnictwo Narodowe*, mas esse partido foi colocado na ilegalidade pouco depois. Em um país onde a liberdade política era restrita e o conservadorismo autoritário, militar e católico dava as cartas, uma proposta mobilizadora como a fascista não teve, portanto, oportunidade de ir em frente. Não espanta que os poucos fascistas poloneses olhassem o fascismo italiano e, posteriormente, a *Falange Española* como fonte de inspiração, mas não a Alemanha nazista, a qual, afinal, colocava os poloneses nos níveis mais baixos da sua hierarquia racial.

O cenário grego era muito parecido. O general Ioannis Metaxas (1871-1941) tomou o poder na Grécia através de um golpe de Estado em 1936 e estabeleceu uma ditadura anticomunista, autoritária e nacionalista que absorveu diversos aspectos do fascismo, especialmente do italiano, como parte da simbologia, alguns ideais corporativistas e a defesa da mobilização popular, especialmente da juventude. Manteve a monarquia e se aproximou da Igreja Ortodoxa, em um paralelo, novamente, com a Itália. No entanto, não criou um partido único nos moldes fascistas nem avançou nessa direção nos anos em que esteve no poder.

A Grécia é um exemplo interessante para pensar o relacionamento entre o interno e o externo na história dos fascismos e como os sistemas políticos podem, ou não, se alterar em uma ou outra direção no decorrer do tempo. Metaxas poderia ter seguido uma trajetória semelhante à dos fascistas italianos e, talvez, com o tempo, seu regime poderia ter entrado em choque com a Monarquia e outras forças conservadoras e caminhar na direção de um fascismo propriamente dito, incluindo a criação de um verdadeiro partido fascista. O que dificultou tal caminhada foi, em boa medida, o cenário externo: o regime podia admirar o fascismo, mas era um alvo central do imperialismo italiano e, em menor escala, do alemão. Como conciliar sua simpatia pelo fascismo com a resistência ao imperialismo? A invasão teuto-italiana em 1941 destruiu o regime de Metaxas e, ao mesmo tempo, quaisquer possibilidades de um crescimento do fascismo na Grécia. Metaxas estava, provavelmente, mais próximo de Salazar ou Dollfuss do que de Mussolini e Hitler, mas isso poderia ter sido diferente, se outras circunstâncias estivessem presentes.

Também na Bulgária, movimentos e grupos fascistas surgiram já nos anos 1920, mas foi na década seguinte que eles se tornaram consistentes, com um discurso fortemente antiliberal e corporativista. A maioria desses grupos tinha preferência pelo fascismo italiano, mas alguns, como os *Ratniks* e a *Sayuz na Balgarskite Natsionalni Legioni* (SBNL), seguiam e se inspiravam no nazismo, incluindo um forte antissemitismo. Esses movimentos e, em especial, a SBNL conseguiram apoio popular em círculos urbanos e entre os camponeses empobrecidos e endividados pela crise econômica.

Ainda assim, eles nunca chegaram ao comando do Estado, bloqueados pelo poder da Monarquia e das forças tradicionais. Especialmente desde o golpe de Estado de 1935, o rei Bóris III (1804-1943) era praticamente um monarca absoluto e, por mais simpatia que tivesse pela Itália e pela Alemanha – tendo mesmo se aliado a elas, ainda que de forma simbólica, na Segunda Guerra Mundial –, não era fascista nem permitiu que os movimentos fascistas locais chegassem ao poder. Na Bulgária, ao menos, não houve nacionalismos competitivos, diferentemente do caso da Iugoslávia, onde se repetiu o modelo suíço, mas com consequências muito mais graves.

Na Iugoslávia, o cenário padrão daquela região se repetiu com uma monarquia dominando o cenário político – especialmente desde o golpe de Estado, em 1929 – e não dando margem ao surgimento de movimentos fascistas de expressão. No caso iugoslavo, as tensões nacionalistas – entre sérvios, croatas, eslovenos, bósnios e outros – eram intensas e isso deu margem ao surgimento de grupos fascistas com base não na nação iugoslava, mas nessas etnias. O mais importante foi o que surgiu na Croácia, o *Ustaša – Hrvatski revolucionarni pokret*, fundado em 1929 por Ante Pavelić (1889-1959). O movimento proclamava a superioridade da "raça croata" e da religião católica, a necessidade criar uma Grande

Croácia, que englobaria vastas áreas da Iugoslávia, expurgada dos sérvios, dos judeus e de outras minorias, e um novo Estado corporativo e com tons totalitários. Em contrapartida, os integrantes desse movimento não tinham a intenção de criar um Estado confessional, obediente ao papa, muito menos de obedecer ao clero.

O *Ustaša* teve alguma repercussão popular e tal sucesso veio do fato de suas propostas nacionalistas terem raízes antigas na Croácia, datando no mínimo do século XIX. O movimento, contudo, foi ilegal quase todo o tempo, e recorreu ao terrorismo contra a Monarquia e os seus inimigos; conseguiu assassinar o rei Alexandre I em Marselha, em 1934. A sua sobrevivência só foi possível graças ao contínuo apoio, ainda que com idas e vindas, da Itália de Mussolini, interessada em desestabilizar a Iugoslávia e, durante a Segunda Guerra Mundial, da Alemanha nazista. Esses Estados, no entanto, também tinham suas agendas e queriam para si territórios croatas (a Itália, por exemplo, anexou a Dalmácia e o sul da Eslovênia em 1941), o que indica novamente os limites da cooperação entre regimes e movimentos fascistas.

A forma com a qual os fascistas croatas trabalhavam as questões da nacionalidade, da religião e da raça é indicativa de como o fascismo podia gerenciar essas questões de várias maneiras, mas sempre dentro do projeto de construir nações homogêneas. O movimento afirmava que os croatas não eram eslavos, mas membros de uma "raça dinárica", próxima da germânica, e superior aos eslavos dos Bálcãs. Era um racismo biológico que impedia a assimilação dos judeus e de parte dos sérvios ao corpo nacional croata, indicando o seu extermínio como última alternativa. Nos seus anos no poder, isso levou a enormes massacres de sérvios e judeus dentro do território do Estado Livre da Croácia.

Ao mesmo tempo, ser católico era, na visão dos adeptos de Pavelić, a maior expressão do ser croata, o que abria a possibilidade de outros povos, especialmente os bósnios, serem convertidos e integrados. Essa opção existia mesmo para uma parcela dos sérvios, pelo que a política de homogeneização croata frente aos sérvios seguia o dístico: "Expulsar um terço, converter um terço e exterminar um terço". Uma combinação de um racismo biológico, que se misturava com as tradições de conversão católicas e do nacionalismo tradicional.

Uma combinação entre catolicismo e fascismo também esteve presente no *Slovenská ľudová strana* na Eslováquia, movimento comandado por Jozef

Tiso (1887-1947). Um Estado eslovaco independente surgiu em 1938, sob a proteção alemã, e Tiso era o chefe do partido e do Estado, obedecendo às diretrizes alemãs. Tanto o partido como o Estado eslovaco tentavam combinar uma adesão aos princípios fascistas com aqueles católicos, e o próprio Tiso era um padre. O fato, contudo, é que era impossível ser fascista e católico ao mesmo tempo, e o partido refletia essa contradição, dividido entre uma ala que queria um Estado totalitário nos moldes nazistas e outra que preferia um conservadorismo católico nos moldes de Salazar, por exemplo.

Já na nação que formava a outra metade da Tchecoslováquia, a hoje República Tcheca, o fascismo teve pouco sucesso, em boa medida porque lá era um exemplo de democracia e uma potência industrial, com forte presença da esquerda. Além disso, na parte tcheca da Tchecoslováquia, os habitantes locais não se sentiam oprimidos e seu grande problema era administrar as demandas dos alemães residentes nos Sudetos, o que os colocava em rota de colisão justamente com a Alemanha. O nacionalismo podia levar ao fascismo, mas também podia ser o seu antídoto.

Por fim, cabe mencionar o caso austríaco, um dos mais perfeitos para identificar as confusões entre a tradição, especialmente a católica, e o fascismo, e observar como diferentes agendas nacionais podiam levar a resultados distintos. O novo Estado austríaco que surgiu depois do fim do Império Austro-Húngaro em 1918 era pequeno, pobre e instável politicamente. Duas grandes forças políticas emergiram naquele momento: os socialistas e os católicos, cuja aliança ajudaria a manter a estabilidade do país, bem como permitiria a sua recuperação econômica e social. Com a Crise de 1929, as tensões aumentaram e essa aliança se rompeu, ao mesmo tempo que surgiram forças extremistas à direita e à esquerda. No caso da extrema direita, havia a *Heimwehr*, uma liga antidemocrática e opositora à esquerda que atuava desde os anos 1920, e o NSDAP austríaco. Ambas as organizações estavam dentro do campo do fascismo, mas as diferenças entre elas eram evidentes. A *Heimwehr* favorecia um nacionalismo austríaco fundamentado em uma identidade própria (laica, mas com base no catolicismo) e um Estado nos moldes da Itália fascista, de quem recebia apoio e financiamento. Já os nazistas austríacos consideravam a Áustria uma parte da Alemanha, a ser anexada a ela e, obviamente, foram sustentados pelo NSDAP e depois pelo Estado alemão. As organizações muitas vezes colaboravam entre si, pois o ódio aos socialistas e ao Estado liberal era maior que tudo, mas os conflitos também eram constantes.

O cenário se tornou ainda mais complexo em 1932, quando Engelbert Dollfuss (1892-1934) tomou o poder, em um golpe de Estado. Ele reprimiu os comunistas e os socialistas, mas também os nazistas, e criou um partido, o *Vaterländische Front*, o qual comandaria a Áustria até a unificação com a Alemanha, em 1938. O novo regime absorveu a *Heimwehr*, reforçou os laços com a Itália, era autoritário e corporativista, e mobilizava as massas através de várias organizações. No entanto, a influência da Igreja Católica nele era tão intensa que fica difícil considerá-lo um fascismo, que é, por definição, laico. Até hoje, os historiadores austríacos debatem a sua classificação, o que indica como o cenário político europeu podia ser confuso naquele momento e como as várias direitas se misturavam.

O regime austríaco poderia ter seguido em duas direções nos anos 1930: ele poderia ter se tornado uma simples ditadura conservadora apoiada pela Igreja Católica, como a de Salazar em Portugal, ou caminhado para se tornar um verdadeiro regime fascista, provavelmente na esteira italiana. Isso, contudo, não aconteceu por causa da competição com o nazismo alemão: Dollfuss foi assassinado pelos nazistas austríacos em 1934 e a Áustria foi anexada pela Alemanha nazista em 1938.

Ainda na Europa Oriental, dois casos emblemáticos devem ser recordados, os da Hungria e da Romênia. No primeiro país, esteve presente um dos movimentos fascistas mais relevantes da época, o *Nyilaskeresztes Párt* (Partido da Cruz Flechada), fundado, com outro nome, em 1935, por Ferenc Szálasi (1897-1946). Ele absorveu os ideais racialistas do nazismo, considerando os húngaros uma raça pura e superior, o que fazia todo o sentido para a tradição nacionalista húngara que, desde o século XIX, afirmava isso. O partido era também antissemita e defendia a expansão imperial húngara na região, restaurando as fronteiras perdidas em 1919. Teve um sucesso eleitoral razoável (ao redor de 15% dos votos), atraindo especialmente os pobres e os desempregados de Budapeste, mas só chegou ao poder em 1944, sob o comando alemão. Já na Romênia, surgiu outro movimento fascista de peso, a Guarda de Ferro (*Garda de Fier*), também conhecida como a Legião do Arcanjo Miguel. Fundada em 1927 por Corneliu Zelea Codreanu (1889-1938), ela manifestava um nacionalismo e um antissemitismo exacerbados. Só conseguiu uns 15% dos votos nas eleições de 1937, mas foi incorporada no governo em 1940, para ser depois eliminada pelos militares romenos no ano seguinte.

O interessante nesses dois casos é observar como dois países vizinhos podiam desenvolver movimentos relevantes que pertenciam à família fascista, mas com diferenças marcantes entre si e frente a outros. O fascismo romeno, por exemplo, desenvolveu um culto ao martírio ainda maior que nos outros fascismos, tinha sua base popular entre os estudantes e os camponeses, uma ligação umbilical com a Igreja Ortodoxa Romena e seu nacionalismo era mais defensivo, no sentido de manter as fronteiras conquistadas em 1919, do que ofensivo. Já o húngaro não tinha conexão tão forte com a Igreja (no caso, a Católica), sua base social era constituída por desempregados e desajustados pobres das cidades, e seu nacionalismo era particularmente agressivo. O anticomunismo também era muito forte na Hungria, onde os comunistas haviam tomado o poder, brevemente, em 1919, enquanto na Romênia o "perigo comunista" era identificado com a vizinha União Soviética e suas demandas territoriais.

No caso das relações entre conservadores e fascistas e o papel alemão, há um quadro claro de cooperação e conflito. Os regimes do almirante Miklós Horthy (1868-1957) e do general Ion Antonescu (1882-1946) eram conservadores e aliados da Alemanha, próximos do modelo de Salazar em Portugal ou de Franco na Espanha, mas desconfiavam dos fascistas e não queriam que eles comandassem seus Estados, o que os levou ao conflito aberto, mas com resultados diferentes. Na Romênia, a Guarda de Ferro foi incorporada ao governo em 1940, mas ela queria mais poder e tentou um golpe de Estado em janeiro de 1941, quando, aliás, promoveu *pogroms* antissemitas violentos no país. O Exército romeno, apoiado por Hitler (que precisava de um aliado estável nas vésperas da invasão da União Soviética), venceu e a Guarda foi eliminada. Já na Hungria, foi Hitler que estimulou os fascistas locais a tomarem o poder de Horthy, já que este resistia às demandas alemãs, incluindo a transferência dos judeus húngaros para os campos de extermínio. Após a conquista do país pelas tropas alemãs, em 1944, Ferenc Szálasi foi colocado no poder, onde ficaria por apenas 163 dias, e iniciou uma brutal repressão contra seus inimigos e, especialmente, contra os judeus até que a Hungria capitulasse frente aos soviéticos.

Na Europa Oriental, havia um quadro propício ao fascismo. Os Estados eram recentes e pouco consolidados, com modernidade parcial e tradições liberais quase inexistentes. Existiam grandes tensões étnicas e nacionais, o antissemitismo era bastante difundido e havia temor pela ascensão do comunismo instalado na vizinhança. Dessa forma, não espanta que movimentos fascistas tenham surgido e tido alguma relevância na região. Ao mesmo tempo, esse quadro favoreceu a instalação de ditaduras conservadoras que bloquearam a ascensão ao poder dos fascismos, ainda que compartilhassem com eles valores e perspectivas. A história do fascismo na região se aproxima do ocorrido na América Latina, como será visto no capítulo "O fascismo fora da Europa", e daquele da península ibérica.

A PENÍNSULA IBÉRICA E A GUERRA CIVIL ESPANHOLA

A figura dominante na história de Portugal no século XX foi António de Oliveira Salazar (1889-1970). Ele se tornou ministro das Finanças depois do golpe militar de 1926 e, em 1933, fundou o Estado Novo, o qual durou até a Revolução dos Cravos, em 1974. Por 40 anos, a ditadura salazarista comandou os destinos de Portugal, e observar as suas características e transformações nessas décadas é um excelente exercício para compreendermos as diferenças entre o conservadorismo e o fascismo, bem como as possibilidades e as mudanças que vieram no decorrer do tempo.

Apesar das grandes discussões que o tema suscita entre os historiadores até hoje, é possível definir o Estado Novo português, no período entreguerras, como, acima de tudo, uma ditadura autoritária conservadora e com tons até mesmo reacionários. O regime não tinha pretensões de industrializar e modernizar Portugal, pelo contrário, lançou medidas para dificultar e fazer refluir uma modernização considerada perigosa. Ele eliminou o sistema democrático. Além disso, era nacionalista, defendendo uma economia autárquica e a preservação dos territórios portugueses na África, corporativista (combinando uma forte influência católica com alguma do fascismo italiano), utilizava a propaganda e exercia a repressão para calar os dissidentes. Era um modelo de ditadura que se tornou muito atrativo para os autoritários do mundo: nos anos 1930 e 1940, o salazarismo foi extremamente popular nos círculos de direita europeus e da América Latina.

Não era, contudo, um fascismo. O regime salazarista mantinha boas relações com a Itália de Mussolini e admirava, com certeza, alguns dos seus aspectos, com destaque para o corporativismo. O salazarismo também utilizou a experiência do fascismo italiano e do nazismo para aperfeiçoar o seu sistema de propaganda e a máquina repressiva. E não era uma simples expressão das forças mais conservadoras de Portugal, ou seja, a Igreja, os militares e os grandes proprietários, mas era nessas forças – e não na mobilização popular – que ele conseguia apoio e sustentação. O regime salazarista manteve ao menos a aparência do sistema parlamentar, o que o levou a criar um partido único chamado União Nacional para participar das eleições. Longe de ser, todavia, um canal para a transmissão de valores ou para a transformação da sociedade em um sentido totalitário, o regime era mais um instrumento para conceder benesses e privilégios a alguns, e para criar a ilusão de que a democracia ainda existia no país.

O regime sentiu, nos anos 1930, a pressão de alguns fascistas e de outros movimentos da direita radical, como os monarquistas do Integralismo Lusitano, por mais espaço e influência. Contudo, ele não pretendia nem restaurar a monarquia nem seguir os caminhos do totalitarismo fascista e, para aliviar essa pressão, criou instituições – como a Mocidade Portuguesa e a Legião Portuguesa – para abrigá-los, mas sem lhes dar poder efetivo. A Legião Portuguesa tinha mesmo uma milícia, mas com poder e capacidades escassos, especialmente em comparação com o Exército. Essas instituições e o partido único foram criados, na realidade, de cima para baixo e não, como no caso dos fascismos, na direção contrária, o que indica o seu caráter subordinado.

Os verdadeiros fascistas portugueses foram os nacional-sindicalistas liderados por Francisco Rolão Preto (1893-1977), também chamados de camisas azuis. Mesmo compartilhando com o salazarismo a influência católica e a recusa do sistema democrático, o anticomunismo e o nacionalismo, suas propostas eram diferentes. Inspirados especialmente no fascismo italiano e no falangismo espanhol, os camisas azuis defendiam a modernização de Portugal em um sentido fascista, com a criação de um partido único mobilizador para enquadrar a sociedade; o rompimento com o passado; e o enquadramento das massas em um corporativismo com base não na Igreja, mas nos sindicatos. O *Movimento Nacional-Sindicalista* durou apenas 2 anos, entre 1932 e 1934, tendo sido perseguido pelo governo e colocado na ilegalidade. Em Portugal, como em tantos outros lugares, foi uma ditadura conservadora que eliminou o fascismo.

O regime salazarista foi se alterando com o passar do tempo. Durante a Segunda Guerra Mundial, os remanescentes do fascismo português alimentaram a esperança de que, com uma vitória alemã na guerra, eles teriam alguma possibilidade de conquistar o poder. Com a derrota da Alemanha e a aproximação de Portugal com os Estados Unidos e o Ocidente a partir dos anos 1940, contudo, foi exatamente o cenário oposto que se tornou realidade. Portugal lutou para manter suas colônias africanas e continuou a ser uma ditadura anticomunista, mas se tornou membro da Organização do Tratado do Atlântico Norte (Otan), aproximou-se dos países europeus, abandonou as propostas corporativistas e criou programas para a modernização industrial. Para que o país pudesse se adaptar ao mundo da Guerra Fria, mesmo a pequena influência fascista no regime foi rapidamente controlada e jogada para escanteio. Isso poderia ter acontecido também com Mussolini se a Itália não tivesse entrado na guerra em 1940, o que indica como os movimentos e os regimes políticos não são estáticos, mas se adaptam conforme as circunstâncias. Uma espécie de adaptação também ocorreu na Espanha de Franco.

O caso espanhol é muito mais complexo e nuançado do que o português, mas reflete bem o quadro político da Europa e do mundo no período entre as guerras mundiais. A Espanha, na verdade, era um microcosmo de debates e conflitos que afetaram todos os Estados europeus após as revoluções atlânticas de fins do século XVIII ao século XX, pelo que o caso espanhol merece ser visto com mais detalhes.

Desde a libertação do país da dominação francesa, em 1813, o Reino da Espanha ficou dividido frente aos novos desafios da modernidade. As colônias da América haviam se tornado países independentes, com a exceção de Cuba, Porto Rico e, na Ásia, das Filipinas, e as glórias imperiais espanholas haviam ficado no passado, sendo a Espanha naquele momento um dos países mais pobres da Europa. Havia os que desejavam manter tudo como estava, como a maior parte dos militares e do clero, e os que defendiam uma modernização nos moldes da França e da Inglaterra, por meio do desenvolvimento da indústria e do sistema liberal. Por sua vez, os "nacionalismos periféricos" espanhóis (catalães, bascos, galegos) queriam um sistema descentralizado, enquanto seus opositores insistiam em um regime centralizado em Madri.

Uma das lutas mais violentas, portanto, foi decidir o sistema político a gerir o Estado. Alguns liberais propunham a monarquia constitucional, que acabaria por triunfar, enquanto parte dos conservadores defendia o retorno ao Antigo Regime. Os carlistas eram, entre esses conservadores, os mais radicais, com propostas profundamente reacionárias, pregando a volta da monarquia absoluta e o domínio completo do catolicismo no país. Eles fizeram três levantes em favor do seu pretendente ao trono, os quais levaram às guerras civis (chamadas de Guerras Carlistas) de 1833-40, 1846-9 e 1872-6. A violência política, na Espanha, era algo comum naquele século.

No final do século XIX e o início do XX, os embates continuaram. Houve alguma modernização industrial, o que levou ao surgimento de uma classe operária em algumas cidades e à propagação do anarquismo, do socialismo e, posteriormente, do comunismo. O país, contudo, ainda era muito pobre e agrário, o que exacerbava os conflitos entre as forças tradicionais (Igreja, Exército e proprietários rurais) e os camponeses e operários. Para completar, em 1898, a Espanha, derrotada pelos Estados Unidos, perdeu os restos do seu império colonial, que ficou reduzido à parte do Marrocos e a uns poucos territórios em outras partes da África, no que foi considerado mais uma humilhação nacional. Na Primeira Guerra Mundial, a Espanha ficou neutra, mas os efeitos sociais e políticos do conflito exacerbaram ainda mais as lutas internas.

Em 1923, a solução para resolver os impasses foi a implantação de uma ditadura militar, sob o comando do general Miguel Primo de Rivera (1870-1930). As similaridades com o que acontecia na Itália naquele momento são grandes: uma grave crise social, instabilidade política e a decisão do monarca reinante, Alfonso III, de romper a ordem constitucional e implantar uma ditadura para controlar a situação. Muitos viam em Primo de Rivera o Mussolini de Alfonso III, e o general tinha imensa admiração pelo *Duce* e pelo regime fascista italiano, copiando mesmo certos aspectos deste, como o corporativismo e o culto ao líder. Ele implantou o sistema de partido único (o *Unión Patriótica*), nos moldes do PNF italiano, no lugar do sistema de partidos liberal.

A ditadura de Rivera, contudo, era ancorada nos militares e no rei, e o partido único tinha sido criado por ele, não o conduzindo ao poder. Esse partido também não tinha o papel mobilizador do PNF italiano nem milícias capazes de agir nas ruas. Além disso, o regime era tão ancorado na figura do general que, quando seu líder ficou doente e faleceu, não conseguiu se sustentar. Na Espanha até então não havia, pois, um fascismo, mas uma clássica ditadura militar, repressiva e violenta.

Em 1931, em uma reviravolta política, foi proclamada, por meios democráticos, a República espanhola. Nos cinco anos seguintes, houve um grande esforço para sanar a crise econômica, aumentar os direitos dos trabalhadores, nacionalizar a economia e melhorar as condições de vida dos mais pobres, especialmente os camponeses. Foram lançadas igualmente iniciativas para melhorar e ampliar o ensino primário e diminuir o peso da Igreja nos assuntos de Estado, além de uma reforma militar e uma busca de diálogo e consenso com os "nacionalismos periféricos". A República era obviamente de esquerda, mas relativamente moderada, ainda que em seus quadros estivessem presentes setores mais radicais, como os comunistas e os anarquistas, que pregavam a revolução e iniciaram ataques violentos, incluindo assassinatos, a fazendeiros, padres, freiras e outros membros da elite espanhola.

Os inimigos da República, à direita do espectro político, incluíam as forças mais conservadoras da sociedade espanhola, como a maior parte dos militares e do clero, os grandes proprietários de terras e os membros da burguesia. Os monarquistas e os católicos também se revelaram, por óbvio, ferrenhos inimigos da República e estavam divididos entre os carlistas ultratradicionalistas e outros grupos, com destaque para a *Confederación Española de Derechas Autónomas*, fundada em 1933 e que, graças ao apoio católico, conseguiu expressivo apoio popular.

Nesse cenário, o fascismo espanhol era minoritário. Havia simpatizantes no país desde os anos 1920, mas ele só cresceu um pouco no início da década seguinte. Em 1931, surgiram as *Juntas de Ofensiva Nacional-Sindicalista* de Ramiro Ledesma Ramos (1905-36) e de Onésimo Redondo Ortega (1905-36), que se uniram em 1934 com a *Falange Española*, criada no ano anterior e liderada por José António Primo de Rivera (1906-1936), o filho do antigo ditador, para formar a *Falange Española de las Juntas de Ofensiva Nacional Sindicalista*.

A Falange representou o fascismo na Espanha. Ainda que visse nas tradições católicas e monárquicas algo positivo, uma parte fundamental da identidade espanhola, suas propostas eram claramente laicas e modernas, inseridas no campo do fascismo. Os falangistas queriam destruir a República, a esquerda e o liberalismo, mas não defendiam a volta do Antigo Regime ou do simples *status quo* anterior a 1931. Buscavam uma "regeneração nacional" com base no totalitarismo, no partido único, na mobilização das massas, na supressão dos regionalismos e na construção de um "novo homem" espanhol. A Falange era tão claramente fascista que Mussolini a financiou por algum tempo.

No entanto, suas propostas não tiveram uma grande acolhida. Os inimigos da República habitualmente preferiam se incorporar ou financiar as forças conservadoras ou confiar que os militares dariam um golpe. Não havia igualmente grandes contingentes de veteranos da Primeira Guerra

Mundial a mobilizar e os trabalhadores estavam normalmente com a esquerda. Seus resultados nas poucas eleições que disputou foram medíocres e suas milícias, alguns poucos milhares de homens em 1936, eram suficientes para lutas de rua contra os anarquistas e os comunistas, porém, não mais do que isso. Por si só, o fascismo espanhol não teria ido muito longe em termos de poder e influência.

Por cinco anos, direita e esquerda se enfrentaram nas ruas da Espanha, nas eleições e nos debates políticos e intelectuais. Em 17 de julho de 1936, militares baseados no Protetorado do Marrocos e em outros quartéis no território peninsular deram um golpe de Estado, sob a liderança do general Francisco Franco (1892-1975). O plano era simplesmente tomar o poder e reverter o que a República havia feito. Esta, contudo, graças à presença de unidades militares fiéis e de uma grande mobilização popular, resistiu. Iniciou-se então a guerra civil, que se estenderia por quase 3 anos.

Essa guerra foi a mais brutal da história espanhola, deixando cerca de dois milhões de mortos e devastando o país. Foi uma guerra em que os campos opostos se dividiram de forma quase perfeita entre esquerda e direita. De um lado, os militares, o clero, os proprietários de terras e outras forças conservadoras, associados aos reacionários carlistas e aos fascistas da Falange. Eles foram apoiados, com homens e armas, pela Itália fascista, pela Alemanha nazista e por diversos movimentos e grupos de direita (conservadores, católicos e fascistas) de toda a Europa e Américas. Do outro, republicanos, liberais de esquerda, socialistas, comunistas e anarquistas, também apoiados por uma rede de solidariedade de esquerda que se estendia pela Europa e pelas Américas (enviando dinheiro, armas, soldados e apoios diversos), pelo México e, especialmente, pela União Soviética.

A guerra deu à Falange a possibilidade de se expandir em número de adeptos e em influência, o que também aconteceu com os carlistas. Os falangistas, assim como os carlistas, reorganizaram suas milícias e formaram tropas de choque, usadas em todas as frentes de batalha. Ambos deram uma colaboração fundamental para a vitória franquista na guerra, tendo sido inclusive atores fundamentais na repressão aos civis, com extrema brutalidade, nos territórios ocupados. No entanto, os seus ganhos políticos seriam limitados.

O bloco franquista era realmente dominado pelo Exército, e todas as outras forças estavam a ele subordinadas. Os militares não tiveram problemas em aproveitar o desejo dos falangistas de lutar contra a República, mas os controlaram tanto no campo de batalha (não permitindo nenhuma autonomia aos milicianos) como no aspecto político. Em abril de 1937, Franco decretou a união da Falange e dos carlistas em um novo partido, a *Falange Española Tradicionalista y de las Juntas de Ofensiva Nacional Sindicalista*. Até 1977, esse foi o único partido legal na Espanha e, em tese, seria o partido único nos moldes fascistas que estava a surgir.

O potencial para que esse partido assumisse funções mais amplas e se tornasse o impulsor de uma verdadeira fascistização do regime franquista existia, e muitos falangistas imaginaram, já nos anos da Segunda Guerra Mundial, que uma participação efetiva da Espanha na guerra ao lado da Alemanha teria o potencial de quebrar o monopólio de poder do Exército e das forças tradicionais e abrir caminho para um governo da Falange. No entanto, isso não aconteceu: a própria unificação de 1937 já era uma forma de cortar qualquer autonomia à Falange e aos carlistas (já que o chefe do novo partido era o próprio Franco). Além disso, à medida que o Eixo ia perdendo a guerra e se tornava claro que o fascismo não era mais uma opção política aceitável, Franco foi diminuindo ainda mais o espaço dos falangistas no regime. Nos anos da Guerra Fria, a Espanha se tornou uma fiel aliada dos Estados Unidos, e os falangistas continuaram a ter cargos e prestígio, mas pouco poder.

Isso apenas indica o caráter mutável da relação entre conservadores e fascistas e a importância da guerra nesse equilíbrio. Se Franco tivesse entrado na guerra em 1939, como queria a Falange, ou se a Alemanha vencesse o conflito, o regime franquista poderia ter caminhado na direção de um fascismo pleno. Como isso não aconteceu e o cenário mudou, o regime refluiu para um conservadorismo mais tradicional, sempre dominado pelo Exército, até seu fim em 1977.

A GUERRA E O FASCISMO EUROPEU

A experiência fascista no continente europeu foi muito influenciada pela experiência da guerra, ou melhor, das diversas guerras ocorridas no continente entre 1914 e 1945. Foi a Primeira Guerra Mundial que destruiu a ordem constituída no continente ou, no mínimo, a enfraqueceu em diversos países, o que abriu brechas no sistema para que os fascismos pudessem emergir. Foi a destruição decorrente da guerra que colaborou para a crise econômica quase contínua nas décadas de 1920 e 1930, o que inflamou os ânimos e deu voz aos radicalismos. Da mesma forma, como consequência da guerra, as fronteiras foram redesenhadas e novos Estados foram criados nesse período, o que levou a descontentamento e conflitos contínuos entre povos e Estados. Por fim, a carnificina entre 1914 e 1918 mudou a sensibilidade do homem europeu: a brutalidade se tornou algo tão comum, e a perspectiva de resolver os problemas pela violência e pela força passou a ser vista como natural e desejável por muitos.

Essa mudança cultural foi particularmente forte entre os milhões de veteranos de guerra, que, em 1918, retornaram a seus lares em praticamente toda a Europa. Alguns deles se tornaram pacifistas ou mesmo aderiram a partidos de esquerda; a grande maioria retornou para a vida civil sem grandes problemas. Muitos, contudo, incorporam-se às ligas de defesa conservadoras entre 1919 e 1923, e formaram boa parte das tropas de choque fascistas em diversos países. Sem a guerra, a radicalização política desses homens teria sido no mínimo improvável. Outras guerras serviram para radicalizar os regimes fascistas no poder. Como visto nos capítulos "O fascismo italiano" e "O nazismo alemão", a Guerra da Etiópia de 1935-6 e a Segunda Guerra Mundial foram fundamentais para fazer as tendências mais radicais da Itália fascista e da Alemanha nazista virem à tona. A Guerra Civil Espanhola também foi um momento crucial para radicalizar os movimentos fascistas em toda a Europa.

No conflito de 1939-45, novamente o apelo às armas calou fundo entre os fascistas e outros membros da direita radical no continente e, especialmente, quando a Alemanha invadiu a União Soviética em 1941, o desejo de participar na cruzada contra o inimigo comunista se tornou irresistível para os fascismos do continente: um mínimo de 60 mil homens (especialmente da Bélgica, da França, da Escandinávia e da Holanda) pertencentes aos partidos fascistas europeus se uniram às forças alemãs. Os que sobreviveram às batalhas com os soviéticos voltaram para casa ainda mais radicalizados e convencidos de que tinham o direito e o dever de assumir o comando de seus países.

A Alemanha, contudo, não colocou esses fascismos no poder nem quando a Europa Ocidental foi conquistada, nem depois que os militantes fascistas voltavam para casa feridos ou cobertos de medalhas pelos seus feitos em defesa das armas alemãs. A Alemanha queria, acima de tudo, que os países ocupados da Europa Ocidental se integrassem à economia de guerra alemã e que não houvesse distúrbios e problemas: ao contrário da Europa Oriental, onde a dominação alemã era mantida a ferro e fogo, os países ocupados da parte ocidental do continente deveriam funcionar, o máximo possível, com as estruturas anteriores. Dessa forma, como os fascismos nesses locais eram minoritários e malvistos, os alemães preferiram confiar na colaboração com as antigas elites. Os alemães só optaram por governos liderados por fascistas quando ficaram sem opção, como na Hungria em 1944, ou quando colocados diante de um fato consumado, como no caso de Vidkun Quisling (1887-1945) e seu *Nasjonal Samling* na Noruega. Mesmo assim, os alemães deram poderes limitados a esses regimes.

A guerra, entretanto, tinha sempre o potencial para alterar esses equilíbrios. Os fascismos da Europa contavam que sua colaboração efetiva com a Alemanha durante a guerra acabaria por dar a eles mais poder político no futuro. Talvez, depois de uma hipotética vitória alemã, a Falange na Espanha, os fascistas franceses ou a Legião do Arcanjo Miguel na Romênia poderiam ter tido maior probabilidade de comandar o Estado e colocar para escanteio Francisco Franco, o marechal Pétain ou o general Antonescu. A era dos autoritarismos na Europa poderia então, talvez, se tornar efetivamente a era dos fascismos. Não há como saber. A derrota alemã, de qualquer forma, foi decisiva para tirar o fascismo do cenário político, ao menos até a sua reconfiguração nas décadas posteriores. A guerra foi chave para delimitar a radicalização ou o colapso, a vitória ou a derrota frente às elites tradicionais, e as reais possibilidades de o fascismo se tornar uma alternativa de poder de fato no continente. Fora da Europa, onde a guerra esteve presente entre 1914 e 1945, mas em uma escala menor, a situação era diferente.

O fascismo fora da Europa

Houve fascismo fora da Europa? Por muitos anos, essa questão gerou polêmicas ásperas entre os historiadores. Para alguns, não faria sentido falar de fascismo fora do continente europeu. O fascismo, afinal, era uma emanação da maneira europeia de conceber a política e de sociedades modernas, no sentido europeu do termo. Fora da Europa, portanto, poderiam ter existido imitações ou cópias, mas sem nenhuma relevância: as discussões sobre o fascismo deveriam ser restritas ao acontecido na Europa e, em especial, na Europa Ocidental.

No entanto, essa interpretação restritiva à Europa de fato peca por ignorar as manifestações fascistas em outras partes do mundo, especialmente no continente americano. Tanto os Estados Unidos e o Canadá como a América Latina eram sociedades criadas e pensadas, em diferentes gradações e adaptações, com base no modelo europeu e onde as populações de origem europeia eram numerosas. Observar o fascismo nesses países é fundamental para entender o fenômeno como um todo. Além disso, a influência do pensamento e da prática fascista nos mais diferentes regimes e grupos políticos de direita no continente americano, mesmo nos que não poderíamos chamar propriamente de fascistas, foi substancial, de forma semelhante ao acontecido na Europa Oriental, por exemplo. Assim, uma visão mais ampla do que foi o fascismo deve incluir as suas manifestações fora da Europa e, principalmente, nas Américas.

A ÁSIA E O ORIENTE MÉDIO

Não é incomum que se atribua ao Japão do período entreguerras a designação de "fascista". Afinal, tratava-se de um Estado imperialista, anticomunista, racista e profundamente autoritário, cuja população seguia ideais de sacrifício pela coletividade e de valorização da guerra próximos aos do fascismo, o que, aliás, explica a admiração de tantos líderes nazistas pelo Japão. Além disso, ele se aliou à Itália e à Alemanha durante a Segunda Guerra Mundial. O regime japonês, contudo, não se enquadra nos parâmetros do fascismo. O regime era autoritário, dominado pelas Forças Armadas, pela figura do imperador e pela tradição, sem que houvesse, no entanto, um partido único mobilizador das massas, propostas corporativistas ou de criação de uma nova ordem.

No caso da China, o partido nacionalista chinês, o *Kuomintang* de Chiang Kai-shek (1887-1945), olhava para o fascismo, especialmente o alemão, como uma experiência a ser copiada em alguns aspectos. Eram de especial interesse, por exemplo, as propostas fascistas de criar uma nacionalidade que prescindisse dos valores tradicionais, de modernizar e renovar a sociedade, e de desenvolver a indústria e o poder militar. No caso chinês, contudo, o objetivo não era a criação de um império, mas justamente de luta contra o imperialismo que sufocava a China. Aqui e ali também surgiam vozes simpáticas à mobilização das massas em defesa da pátria e ao corporativismo, mas eram minoritárias: a questão era aproveitar o que era interessante no fascismo para fertilizar o que era, em essência, uma proposta de modernização autoritária da sociedade chinesa.

Na Índia, os fascistas foram muito poucos. Em geral, o que era possível encontrar por lá eram nacionalistas, interessados em expulsar os britânicos do país, que olhavam para a Itália fascista e a Alemanha nazista como potenciais aliados e fonte de inspiração. Esse foi o caso, por exemplo, de Chandra Bose (1897-1945), que se aliou aos alemães e aos japoneses durante a Segunda Guerra Mundial, e era claramente autoritário e nacionalista, mas cujas convicções fascistas eram mínimas.

No Oriente Médio, também predominou a ideia de que os regimes fascistas eram potenciais aliados na luta contra a dominação francesa e inglesa, e de que o fascismo oferecia um modelo adequado para o que se pretendia após o fim da dominação colonial, ou seja, a reconstrução nacional em termos modernizadores, nacionalistas, laicos e autoritários. Os nacionalistas egípcios, tunisianos, iemenitas ou iraquianos não pensavam, na sua maioria, em criar Estados fascistas, mas em usar a experiência do fascismo para colocarem em prática suas próprias agendas. No Egito, por exemplo, os nacionalistas chegaram a organizar milícias, os camisas verdes, nos moldes fascistas. Elas, contudo, eram apenas para conflitos de rua e autoproteção, sem pretensões de conquistar o poder pela força.

O mesmo poderia ser dito do regime de Mustafa Kemal Ataturk (1881-1938) na Turquia, que olhou para o fascismo (e também para a União Soviética) como fonte de inspiração para criar uma Turquia moderna e laica, e autoritária acima de tudo. Isso também aconteceu na Síria, no Líbano e na Palestina, onde setores nacionalistas olhavam o fascismo, especialmente o italiano, como fonte de inspiração, sem necessariamente se tornarem fascistas. Um dos grandes líderes do nacionalismo sírio, Antoun Saadeh (1904-49), por exemplo, admirava certos aspectos do fascismo, como a laicidade do Estado e o nacionalismo sem base religiosa, mas não era fascista.

Uma exceção foi a Falange libanesa, fundada em 1936 com inspiração no nazismo alemão, no fascismo italiano e na *Falange Española*, de onde retirou seu nome. Ela era um partido organizado nos moldes fascistas, incluindo uma milícia armada disposta a atuar agressivamente em defesa de um ideal nacionalista libanês. Obviamente, esse era um fascismo adaptado à realidade do Oriente Médio, incluindo o fato de ter como base social uma comunidade religiosa, a cristã. O fato de a Falange libanesa ter surgido entre os cristãos, mais próximos da cultura e dos modelos políticos europeus, é indicativo, aliás, dos mecanismos pelos quais o fascismo podia se difundir fora da Europa. De qualquer modo, a Falange libanesa foi a exceção que confirmou a regra: na Ásia, na África e no Oriente Médio, o fascismo, como proposta política, teve imensas dificuldades para se implantar. Em áreas coloniais e longe da tradição política ocidental moderna pós-1789, o fascismo fazia muito menos sentido.

OS PAÍSES ANGLO-SAXÕES

Nos territórios de língua inglesa fora da Europa, o fascismo obteve pouco sucesso. Na África do Sul e na Nova Zelândia, a população não aderiu, em geral, às ideias fascistas, ainda que alguns membros da minoria africâner do primeiro país tenham manifestado alguma simpatia pela Alemanha nazista. Já na Austrália, surgiram vários movimentos conservadores com milícias armadas a partir de 1923, como a *White Guard* e a *League of National Security*. Quem representou realmente o fascismo no país, contudo, foi a *New Guard*, criada em 1931, liderada por Eric Campbell (1893-1970), com ideias e simpatias abertamente fascistas, incluindo uma milícia uniformizada e contatos com o fascismo europeu. A *New Guard* chegou a receber algum apoio popular e protagonizou brigas de rua com a esquerda em Melbourne e outras cidades australianas, mas não representou um candidato sério ao poder até sua dissolução em 1935.

No Canadá de fala inglesa, pequenos grupos fascistas apareceram já nos anos 1920, normalmente inspirados pelo fascismo italiano. Foi a partir da ascensão de Hitler ao poder em 1933, todavia, que os adeptos da ideologia fascista no Canadá começaram a criar diversos movimentos e partidos, como o *Canadian Nationalist Party* (1933) e o *Canadian Union of Fascists* (1934). Já na área de língua francesa, no Québec, a influência fascista se manifestava tanto em grupos conservadores católicos – que viam o fascismo, especialmente o italiano, com simpatia – como em movimentos fascistas propriamente ditos, como os vários liderados por Adrien Arcand (1889-1967), o líder do fascismo canadense. Os partidos liderados por Arcand acabaram por se aproximar da ideologia do nazismo alemão e conseguiram algum apoio, mas nunca chegaram perto do poder, sendo dispersados em 1939.

Nos Estados Unidos, o fascismo não conseguiu grande popularidade. Apesar da força da depressão econômica nos anos 1930 e de algumas tradições fortemente racistas e autoritárias da sociedade americana (especialmente no Sul), as tentativas de criar um partido fascista local (como o *National Party* em 1934, a *Black Legion* de Detroit ou a *Silver Shirt Legion* em 1933) estacionaram no estágio embrionário. Pregadores e grupos de extrema direita tiveram alguma importância no país, mas não a ponto de representarem candidatos sérios ao poder.

Nos países anglo-saxões, os fascistas não conseguiram superar alguns problemas de fundo. Neles, o sistema e a cultura liberais eram sólidos e, nesse contexto, combater os direitos individuais e as liberdades civis, bem como pregar o uso da violência, era muito mais difícil. Tanto que mesmo líderes anglo-saxões que admiravam o fascismo italiano por ser contrário à esquerda – como Winston Churchill (1874-1965) na Inglaterra ou Mackenzie King (1874-1950) e R. J. Bennett no Canadá (1870-1947) – não pensaram seriamente em transferir aquele sistema político (muito menos o nazista) para seus países. A partir dos anos 1930, o fascismo começou a ser identificado com a Alemanha, e a associação que a opinião pública começou a fazer entre os fascismos locais e Hitler também ajudou a solapar os esforços dos fascistas nesses países, vistos cada vez mais como vendidos e traidores.

A estrutura do sistema político, com certeza, também contou. No sistema bipartidário americano, por exemplo, um partido fascista teria imensas dificuldades para se afirmar. Na Inglaterra e nos Domínios britânicos, da mesma forma, o equilíbrio partidário era relativamente fechado para *outsiders* como os fascistas. No caso americano, além disso, existiam forças de direita radical tradicionais (a *Ku Klux Klan*, os movimentos ultraconservadores católicos etc.) capazes de canalizar os sentimentos antissemitas, anticomunistas e racistas sem, necessariamente, desembocar num partido fascista ou alimentar perspectivas de conquista do poder, o que aliviava a pressão sobre o sistema político. Além disso, como a democracia se manteve em todos os países de fala inglesa naquele momento, houve espaço para a esquerda se organizar e combater, com vários graus de eficiência, o fascismo local quando necessário.

Mais importante que tudo, porém, foi a capacidade das elites dirigentes em manter as rédeas do poder e oferecer alternativas à sociedade. No caso americano, por exemplo, podemos até dizer que a liderança progressista de Franklin Delano Roosevelt (1882–1945) e seu *New Deal* foram os melhores antídotos para anular quaisquer riscos de fascismo nos Estados Unidos. Nos países do Império Britânico, do mesmo modo, as classes dirigentes, mesmo conservadoras, mantiveram-se firmemente no poder, não dando margem para a chegada dos fascistas ao governo.

Essa alternativa esteve sempre presente, porém, nas mangas da elite dominante. Tal elemento indica os limites do liberalismo anglo-saxão. Na Austrália, por exemplo, as milícias armadas em defesa da ordem estavam sempre de prontidão para o caso de a esquerda ou de os estrangeiros representarem uma ameaça. Os conservadores canadenses também mantiveram os fascistas de Arcand como um "Plano B" para o caso de ser necessário combater a esquerda nas ruas. Para o fascismo, contudo, não contar explicitamente com o apoio das elites locais foi uma adversidade quase insuperável, o que explica, ao lado de outros elementos já mencionados, por que, nos países anglo-saxões, especialmente fora da Europa, o fascismo nunca saiu de um estágio embrionário. Caso bem diferente foi o da América Latina.

A AMÉRICA LATINA

Por muitas décadas, a questão da presença do fascismo na América Latina oscilou entre polos contraditórios. De um lado, tendia-se a identificar o fascismo em todos os contextos, países e épocas, incluindo regimes como os de Juan Domingo Perón (1895-1974) e Getúlio Vargas (1882-1954) nos anos 1930 e 1940, as ditaduras militares dos anos 1960 e 1970, e até em alguns dos populismos de direita radical dos últimos anos. De outro, alguns afirmavam que, em um continente atrasado, agrário e pouco urbanizado, o fascismo era uma impossibilidade histórica e que, portanto, o que teria havido no continente teria sido, no máximo, cópias sem significado histórico ou importância, podendo ser ignoradas.

O cenário é mais complexo. Como aconteceu em outras partes do mundo colonial ou semicolonial, o fascismo foi fonte de inspiração para ditaduras modernizantes, que olhavam para ele como um instrumento para criar nacionalidades, industrializar e integrar as massas urbanas em um novo pacto social, no Estado, no entanto, não pretendiam reproduzir, em seus países, a sua pretensão totalitária. Em outros locais e contextos, o poder militar alemão ou a cultura italiana eram até admirados, mas essa admiração não se converteu em nada mais sério. Em contrapartida, em diversos países, o fascismo chegou a ser um candidato sério ao poder e, em alguns, quase chegou lá. O fato, contudo, é que houve fascismo no continente, e ele teve um impacto na sua história social e política, ainda que com imensas variações regionais.

Em alguns países da América Latina, notadamente na região do Caribe e no arco andino, a presença de fascismo foi bastante limitada. Ditaduras militares ou democracias controladas pelas oligarquias foram a tônica do período, com a presença, no máximo, de intelectuais isolados propondo a formação de movimentos realmente fascistas. Os falangistas espanhóis ou outros grupos de inspiração espanhola foram a chave do fascismo nesses países. O mesmo pode ser dito da Venezuela e do Equador, onde os poucos fascistas locais eram, essencialmente, ligados à *Falange Española* ou, no mínimo, inspirados por ela.

Também na Bolívia, o fascismo teve pouca expressividade. Dois movimentos fascistas, ou influenciados pelo fascismo, a *Falange Socialista Boliviana* e o *Movimiento Nacionalista Revolucionario*, desenvolveram-se, mas com pouca força, ainda que tenham se reciclado, depois de 1945, como partidos conservadores clássicos, participando dos governos militares bolivianos. Também no Uruguai e no Paraguai, surgiram círculos nacionalistas e antissemitas com claras simpatias pelo fascismo, os quais editaram publicações de importância, como a revista *Corporaciones* de Montevidéu, mas que nunca se desenvolveram além do plano intelectual.

Na Colômbia, da mesma forma, o fascismo não se desenvolveu com especial força, ainda que políticos conservadores tenham demonstrado admiração por Franco. No entanto, no caso colombiano, surgiu, em 1936, além de vários jornais e grupos menores, um movimento fascista – a *Acción Nacional Derechista*, ou "*Los Leopardos*" – um pouco mais consistente. Ele tinha simpatias por Mussolini e Hitler, mas sua inspiração maior era a *Falange Española* e, depois de 1945, foi absorvido pelo partido conservador colombiano.

O México é um caso a ser visto com cuidado. Nos anos 1930, houve, nesse país, um movimento de direita radical chamado sinarquismo, o qual teve um apelo popular expressivo. Se o classificarmos como fascista, então teríamos que incluir o México na lista de países nos quais o fascismo teve grande popularidade. No entanto, apesar dos contatos entre os sinarquistas e os fascistas europeus e da adoção de toda uma parafernália simbólica fascista, fica claro como o sinarquismo era mais um movimento de reação católica contra a esquerda (e, em especial, contra o laicismo da Revolução Mexicana) e a modernidade do que propriamente fascista. O seu apelo à ação não violenta, o seu profundo catolicismo e a sua recusa à conquista do poder, aliás, são características muito pouco fascistas.

Ainda no México, temos os camisas douradas da *Acción Revolucionaria Mexicanista*, fundada em 1933. Os historiadores ainda hoje debatem se este seria um movimento fascista ou reacionário, mas parece haver sinais de, no mínimo, mais proximidade do modelo fascista do que ocorria com os sinarquistas, por exemplo. Os camisas douradas eram, entre outros, antissemitas e racistas (especialmente contra os imigrantes chineses) e organizaram milícias violentas para combater a esquerda nas ruas. De qualquer modo, eles nunca passaram de algumas centenas de militantes.

Jorge González von Marées, líder do fascismo chileno, c. 1940. (Fotógrafo não identificado)

No Chile, a situação foi diversa. O *Movimiento Nacional-Socialista* chileno surgiu em 1932, sob a liderança de Jorge González von Marées (1900-62). Esse partido seguia valores claramente fascistas e mantinha uma relação próxima, ao menos no seu início, com o NSDAP alemão e a comunidade alemã do Chile. Seus objetivos eram a regeneração nacional chilena através da eliminação dos seus inimigos, como os liberais e os socialistas, a implantação de princípios corporativistas e o estabelecimento do Chile como uma potência regional, especialmente frente aos considerados "inferiores", como os bolivianos e os peruanos. O partido também organizou tropas de assalto, nos moldes da SA alemã. No entanto, não era uma mera cópia do nazismo alemão, tanto que seguia um antissemitismo mais de base católica do que biológica, e seu racismo aceitava a miscigenação que havia formado o povo chileno, considerando que o resultado havia sido uma "raça superior". Seus militantes criaram o termo *nacista* para diferenciar seu movimento do nazismo da Alemanha.

De qualquer forma, esse partido conseguiu extrapolar os limites da coletividade alemã e se tornou algo maior, com representatividade social e política no Chile. Os *nacista*s chilenos, contudo, tiveram relações conflitosas com outros grupos de direita, o governo, os militares e a Igreja. O resultado é que, na maior parte do tempo, obtiveram votações inexpressivas e nunca conseguiram alcançar o poder. Em 1938, eles tentaram dar um golpe de Estado, mas a polícia chilena os reprimiu, assassinando dezenas de seus militantes, o que fez com que seu movimento fosse formalmente eliminado da cena política.

A Argentina, com certeza, é um caso emblemático das confusões entre fascismo e autoritarismo no período e, também, para os analistas posteriores. Desde 1945, com o peronismo e a fuga de muitos nazistas para a Argentina, tem-se a impressão de que a direita fascista sempre teria sido incrivelmente forte no país, o que deve ser questionado. Perón era um líder carismático, que mobilizava as massas e, em certo momento, nutriu explicitamente simpatias fascistas. No entanto, faltava a ele o ideal orgânico, os tradicionais valores da direita e a construção de um partido como máquina de mobilização das pessoas para uma ideologia, e não como simples instrumento nas mãos do líder.

Na sociedade argentina, nos anos 1930, existiam círculos extremamente influenciados pelo fascismo (militares, Igreja, oligarquia) e a cultura fascista europeia estava amplamente difundida, até por causa da presença expressiva de imigrantes europeus, mas os movimentos fascistas argentinos foram relativamente pequenos. Havia as Ligas Nacionalistas, mas essas eram mais movimentos reacionários de direita do que fascistas. Elas tinham alguma simpatia por Mussolini e laços com os fascistas italianos e alemães em território argentino, mas o pensador reacionário católico francês Charles Maurras era a sua principal fonte de inspiração externa. Nos anos 1930, no máximo uma ou outra dessas ligas se aproximou o suficiente do fascismo para ser considerada como tal, como a *Legión Cívica Argentina*, fundada em 1930, mas o nacionalismo argentino como um todo não o era.

Dessa forma, na Argentina havia uma situação particular. A cultura fascista circulava amplamente no país, e influenciou os mais diferentes grupos e organizações da direita conservadora. Por motivos locais, contudo, com destaque para a incapacidade do fascismo argentino em se unificar ao redor de um único líder e a própria força da oligarquia local, o fascismo na Argentina não se corporificou em movimentos e partidos de maior expressão, ainda que tenha deixado marcas na cultura política do país evidentes mesmo nas décadas posteriores.

O Peru é um caso interessante ao indicar as oscilações e as hibridações entre conservadores e fascistas, mas principalmente como era possível passar de um campo para outro conforme as condições históricas se alterassem. No Peru, foi fundado, em 1931, um partido fascista de suma importância, denominado *Unión Revolucionaria*, sob a chefia de Luis A. Flores (1899-1969). Ele era anticomunista, antiliberal, nacionalista, defendia o nacionalismo com tons totalitários típicos do fascismo e organizou milícias armadas que chegaram a reunir milhares de membros. Tinha também características especificadamente peruanas, como a xenofobia dirigida aos imigrantes chineses e japoneses, ao mesmo tempo que dava uma conotação particular a certas propostas gerais do fascismo: o ataque ao liberalismo se convertia em críticas às oligarquias tradicionais, e a *Alianza Popular Revolucionaria Americana* (APRA), um importante partido de esquerda fundado em Lima em 1924, era a corporificação dos ideais de esquerda a serem combatidos.

A *Unión Revolucionaria* conseguiu ampla aceitação popular no Peru, espalhando células por todo o país e, nas eleições de 1936, obteve 27% dos votos nacionais. Ainda que o corpo eleitoral fosse limitado e as eleições tivessem restrições (o popular APRA, por exemplo, tinha sido proibido), foi um resultado expressivo, insuficiente, contudo, para levar o partido ao poder, até porque as eleições acabaram sendo anuladas pelo governo logo a seguir. Descontentes, os fascistas peruanos tentaram um golpe de Estado em 1936 e outro em 1939. Derrotados em ambos, seus remanescentes acabaram por se integrar no conservadorismo peruano.

O BRASIL

No caso do continente americano, o país mais próximo do fascismo na década de 1930 era o Brasil. O governo do presidente Vargas entre 1937 e 1945, o Estado Novo, com certeza não era fascista (sendo mais uma ditadura conservadora com tons modernizantes), mas vários de seus membros simpatizavam com Hitler e, ainda mais, com Mussolini e Salazar. Além disso, no Brasil existia a Ação Integralista Brasileira (AIB), o maior partido fascista surgido fora da Europa.

A direita radical esteve presente no Brasil no mínimo desde a República Velha (1889-1930). Nesse período, várias correntes de pensamento e inúmeros autores criticavam o capitalismo liberal, o operariado estrangeiro e defendiam o Estado forte e a reorganização nacional. Na época das significativas agitações operárias, especialmente durante a Primeira Guerra Mundial, foram fundadas, seguindo um modelo comum a outros países europeus e americanos, inúmeras associações e ligas nacionalistas para enfrentar o movimento operário e repensar o Estado e a nacionalidade brasileira, normalmente em um viés autoritário.

O fascismo começou a ser conhecido no Brasil nos anos 1920, especialmente através da ação de membros da comunidade italiana, influenciando intelectuais e políticos, mas sem grande desenvolvimento. A maior parte da direita radical continuava a combinar majoritariamente o nacionalismo com o catolicismo conservador. Em 1922, dois partidos fascistas – a Legião Cruzeiro do Sul e o Partido Fascista Brasileiro – foram criados na esteira da Marcha sobre Roma, mas logo desapareceram.

Foi só no início dos anos 1930, após a ascensão de Hitler ao poder na Alemanha e, especialmente, a decomposição do sistema oligárquico nacional depois da Crise de 1929 e da Revolução de 1930, que o fascismo se tornou uma alternativa de peso. No início dos anos 1930, vários pequenos movimentos fascistas, ou fortemente influenciados por ele, seriam criados no país. O maior de todos foi a AIB, fundada em 7 de outubro de 1932.

Nem todas as correntes da direita autoritária e radical convergiram dentro do integralismo. Toda a direita nacional estava, naqueles anos, preocupada com a agitação social, o impacto econômico da crise internacional, a potencial ascensão do comunismo etc. O integralismo, contudo, ia além de uma simples reação conservadora contra o movimento operário e a esquerda, ele propunha alternativas, como o corporativismo, a eliminação do sistema liberal em favor de um modelo fascista, a criação de um partido a se agregar ao Estado, a superação dos regionalismos e das diferenças de classe dentro de um nacionalismo orgânico. Além disso, a AIB trazia, para o universo da direita brasileira, um elemento novo: a mobilização popular. Enquanto a direita tradicional preferia se concentrar nas elites, os integralistas mobilizavam vários grupos que não se sentiam representados pela política tradicional.

De qualquer modo, a partir de 1932, pela primeira vez, parte substancial da direita radical brasileira estava reunida em torno de um projeto – fascista – e de um líder – Plínio Salgado (1895-1975) – que pretendia reproduzir, no Brasil, os sucessos de Mussolini na Itália. Surgia, então, um verdadeiro movimento fascista: a *Ação Integralista Brasileira*.

Depois de um início modesto, em São Paulo, o integralismo cresceu rapidamente, convertendo-se em um partido de massas, com centenas de milhares de militantes e um número ainda maior de simpatizantes. Jornais e revistas integralistas foram fundados em centenas de cidades brasileiras e os núcleos integralistas se espalharam, igualmente, do norte ao sul do país. Entre 1932 e 1937, o integralismo foi uma presença física no cenário brasileiro: seus milicianos, os camisas verdes, faziam passeatas e comícios, organizavam cerimônias nos núcleos e nas ruas, e entraram em confronto com militantes de esquerda, antifascistas.

O integralismo foi de fato um marco na política nacional. Criou um partido que conseguiu se organizar nacionalmente, ao contrário dos partidos então existentes, de base regional, e tinha uma doutrina, uma base ideológica definida e elaborada por intelectuais de peso. Além de Plínio Salgado, é válido recordar nomes como Miguel Reale (1910-2006), Gustavo Barroso (1888-1959), entre tantos outros. A sua ideologia tinha evidente influência do fascismo de Mussolini (o qual chegou a enviar um subsídio ao partido por algum tempo) e também dos movimentos fascistas portugueses, mas muito pouco do nazismo, apesar de haver uma expressiva ala antissemita dentro do partido. O integralismo não foi, contudo, algo meramente mimético, importado e sem significado na realidade nacional, tanto que centenas de milhares de brasileiros viram nele uma alternativa para os problemas do período.

Ele atraiu filhos de imigrantes (especialmente alemães e italianos) interessados em se afirmarem como brasileiros; negros desejosos de se integrarem melhor na sociedade pela via nacionalista; parte das classes médias urbanas e intelectuais que queriam romper com o domínio das oligarquias e modernizar o país; e também, ainda que com menor sucesso, operários.

O partido se estruturava de forma hierárquica, centrado no Chefe Nacional, Plínio Salgado, procurando reproduzir a estrutura do Estado que se pretendia organizar após a tomada do poder. Dessa forma, o partido tinha

Departamentos para discutir questões ideológicas, econômicas e políticas, entre outras, e Conselhos e Câmaras precursores do futuro modelo corporativo que se pretendia introduzir no país. Ademais, um sistema Estado-partido semelhante ao criado pelos regimes fascistas na Europa, pelo qual o futuro "Estado integral" seria permeado pela AIB, ao mesmo tempo que a AIB vertebraria o novo Estado, mobilizando a juventude e a militância. Outra característica similar ao fascismo europeu foi o enorme investimento feito na simbologia, nos uniformes, nas cerimônias elaboradas. O integralismo tinha, como saudação, a expressão *Anauê*, "Você é meu amigo" em tupi-guarani, e adotou a camisa verde para identificar suas milícias.

Cartaz integralista convocando os brasileiros a aderirem ao movimento. (Autor anônimo)

Em um primeiro momento, o integralismo era um movimento que pretendia tomar o poder pela força, em uma revolução conduzida por suas milícias. Depois de alguns anos, contudo, ficou claro como elas não tinham condições de derrubar o poder constituído e o partido integralista, especialmente nos Congressos de Vitória (1934) e Petrópolis (1935), optou por um viés legalista. O plano, então, passou a ser aumentar a sua força eleitoral através de sucessivas vitórias nas urnas e chegar ao poder em um bloco com outras forças conservadoras para, em seguida, hegemonizá-lo, como Hitler e Mussolini haviam feito na Europa.

Em 1937, quando ficou claro que Getúlio Vargas pretendia permanecer no poder através de um golpe, os integralistas mudaram de posição e passaram a apoiar o projeto do presidente, mas com a pretensão de dominar o novo regime quando ele se instalasse. Vargas, no entanto, não permitiu isso e, logo após o golpe de 10 de novembro de 1937, manobrou para tornar ilegal o integralismo. Os integralistas, então, organizaram um golpe contra Vargas em maio de 1938; sem sucesso, passaram a ser reprimidos pelo governo, Plínio Salgado foi enviado ao exílio em Portugal, de onde só retornaria em 1946. Seus remanescentes se reciclaram ideologicamente e se reagruparam no *Partido de Representação Popular*. Com isso, conseguiram algum poder e influência, chegando mesmo a ter algum espaço dentro do regime militar de 1964-85, mas sem obter uma relevância maior. Mesmo em pleno século XXI ainda há grupos no país que defendem o integralismo como solução para os problemas nacionais.

O fascismo brasileiro tem algumas especificidades. Antes de tudo, fica evidente a particular fraqueza da direita radical brasileira até 1932, e espanta como essa direita radical comparativamente fraca foi capaz de se transmutar no mais importante movimento fascista fora do continente europeu. Contou para isso, provavelmente, a profunda crise sistêmica vivida pela sociedade e pelo Estado brasileiros a partir de 1930. Num quadro de grandes problemas econômicos e de reorganização do sistema político, teria se aberto um espaço inédito para o fascismo, cujos defensores souberam aproveitar o momento. Motivos conjunturais também estavam presentes. No Brasil, Plínio Salgado foi capaz de reunir as forças dispersas da direita radical e fundir a maioria delas numa proposta fascista, o que não aconteceu na Argentina, por exemplo. Na América Latina, o Brasil foi, de qualquer forma, uma exceção, pois no país o fascismo foi importante e teve reais possibilidades de chegar ao poder, ainda que isso não tenha, ao final, acontecido.

O FASCISMO LATINO-AMERICANO: TRAÇOS GERAIS E QUESTÕES COMUNS

Vale recordar alguns traços fundamentais do fascismo na América Latina e, especialmente, as suas especificidades frente à Europa. Em primeiro lugar: a presença expressiva, física, do fascismo de inspiração europeia no continente no período entreguerras. Não apenas livros e documentos fascistas, ou da direita radical, vindos da Europa, circulavam com facilidade pelos países da região, como também os fascismos puderam se instalar materialmente no continente latino-americano a partir das comunidades de imigrantes italianos, alemães e espanhóis, entre outras. Na verdade, o processo de reprodução exterior dos partidos fascistas europeus não se restringiu à América Latina, mas foi particularmente forte nela. Da América Latina, aliás, partiram centenas de voluntários (na maioria nascidos na Europa que residiam no continente latino-americano) fascistas italianos e falangistas espanhóis, por exemplo, para lutar na Guerra da Etiópia e na da Espanha, indicando a conexão transnacional entre o fascismo europeu e o latino-americano.

Outro ponto: o cenário político da região nublava as fronteiras dentro do campo da direita, ou seja, reacionários, conservadores, católicos, militares e fascistas viviam um ambiente de cooperação e conflito, de recusas e diálogos mútuos que, muitas vezes, tornava difícil identificar quem era quem naquele momento. As ditaduras latino-americanas dos anos 1930 eram, quase todas, simpáticas a Mussolini, Salazar e Franco, mas muito menos a Hitler. Os ditadores locais identificavam, nos regimes desses ditadores europeus, exemplos de regeneração nacional, de superação do liberalismo e de reconstrução da ordem; o corporativismo, em especial, era admirado profundamente. Também, em muitos casos, buscou-se a assistência italiana e alemã para projetos de rearmamento ou de reforma de forças policiais em regimes nos quais os militares continuavam, contudo, a dar as cartas.

Dessa forma, os ditadores da República Dominicana, da Nicarágua ou de Cuba, para mencionar apenas alguns, podiam ser extremamente sanguinários, admirar Mussolini e, especialmente, Franco, e dar cobertura às atividades, por exemplo, da *Falange Española*, mas isso não os fazia fascistas nem os tornava aliados incondicionais do fascismo, tanto que todos ficaram fiéis aos Estados Unidos durante a Segunda Guerra

Mundial. Já em países como Brasil, Argentina, Peru, Uruguai e outros, as ditaduras ali instaladas viam no fascismo italiano um modelo para incorporar as massas à esfera pública e, até mesmo, procuraram copiar aspectos dele, como a legislação trabalhista. Mas isso não significa que considerassem conveniente reproduzir totalmente o fascismo, muito menos o nazismo, nos seus países.

Por que alguns fascismos da América Latina avançaram para uma posição em que se tornaram atores relevantes no jogo político e outros não? Uma hipótese é a relação do fascismo com a modernidade, a qual exploraremos em detalhes nas "Considerações finais". Seguindo essa hipótese, o fascismo, na América Latina, só pôde criar raízes em sociedades minimamente modernas (em que havia alguma democracia, indústria, urbanização), enquanto as rurais e atrasadas não ofereciam espaço para o seu crescimento. Ela faz sentido ao menos em alguns casos, explicando por que países como a Bolívia ou a Guatemala não tiveram um fascismo expressivo ou por que foram os países mais modernos, no sentido delimitado, os locais em que os fascismos se desenvolveram, como o México, o Chile, o Brasil, o Peru e a Argentina.

Quando se trata de explicar a incapacidade desses movimentos, mesmo os mais fortes, em atingir o poder, os principais elementos a serem considerados são o impacto da crise mundial e o gerenciamento desta pelas elites. Efetivamente, a década de 1930 foi, na América Latina, o momento de predomínio das ditaduras ou dos "Estados fortes", e foram estes que, no limite, bloquearam a ascensão do fascismo ao poder, inclusive com a força das armas, como aconteceu no Brasil e no Chile, em 1938, e no Peru, em 1939.

As variações de forma foram imensas. Na América Central ou Caribe (assim como na Bolívia ou na Venezuela), uma simples ditadura militar funcionou perfeitamente quando de uma crise geral, como a dos anos 1930. No Brasil, as elites preferiram uma ditadura conservadora com traços modernizantes, enquanto ditaduras mais ou menos disfarçadas se desenvolveram em outros países do continente, como os regimes de Gabriel Terra (1873-1942), no Uruguai; Agustín Justo (1876-1943), na Argentina; Óscar R. Benavides (1876-1945), no Peru. Em alguns países, como a Colômbia ou a Costa Rica, a democracia se manteve, mas sob crescente influência militar, mantendo o equilíbrio político e a estabilidade institucional. Já o México foi governado por Lázaro Cárdenas (1895-1970), em um regime com domínio da esquerda, o qual dava pouco espaço ao fascismo local, tanto que o México foi o país latino-americano que mais apoiou a República Espanhola na Guerra Civil de 1936-9.

Em todos esses países, o fato comum é que as elites mantiveram o controle do poder e não viram necessidade de ceder espaço à direita radical ou a grupos alternativos, os quais, portanto, não conseguiram assumir o Estado nem mesmo onde conseguiram uma base popular maior e representatividade política. A opção fascista ficou "na reserva" e não precisou ser utilizada em nenhum país. Outra particularidade a considerar, especialmente no caso da América Latina, é que a potência dominante no continente, os Estados Unidos, assumiu, no decorrer da década de 1930, uma postura contrária ao fascismo, o que obviamente impactou as suas possibilidades de desenvolvimento na região.

Além disso, cabe ressaltar o quanto o fascismo se adaptou para fazer sentido em um continente profundamente ligado à Europa, mas que tinha especificidades. A primeira delas é o papel das Forças Armadas. Na América Latina, foram os militares que, efetivamente, diminuíram o espaço dos partidos fascistas e, no caso do Brasil, do Peru e do Chile, que impediram o sucesso dos golpes de Estado por eles organizados. Em alguns locais, igualmente, a tensão das Forças Armadas com os fascistas foi uma constante, como no Chile. Os nacionalistas argentinos e os integralistas brasileiros, contudo, não tinham uma postura contra os militares e, ao contrário, insistiam na necessidade de contar com eles para a implantação da "nova ordem". Na Argentina, aliás, essa aproximação foi ainda mais intensa e mesmo os nacionalistas argentinos que poderíamos enquadrar como fascistas desejavam a participação do Exército na "nova ordem". É provável que o papel central dos militares na política latino-americana naquele momento tenha diminuído um pouco o sentimento antimilitar que predominou no caso do fascismo europeu.

A ausência de veteranos de guerra (com exceção de paraguaios e bolivianos da Guerra do Chaco e, talvez, dos ex-combatentes da Revolução Mexicana) e o impacto moderado da Primeira Guerra Mundial na maior parte do continente também influenciaram o caráter dos fascismos latino-americanos, os quais foram legalistas na maior parte do tempo. Nenhum deles, nem mesmo o integralismo, levou em frente um projeto de conquista do poder pelas armas, confiando nas articulações políticas e no apoio dos militares para tanto.

Fascismo sem algum tipo de pensamento imperial é praticamente impossível, assim, os fascismos latino-americanos desenvolveram suas próprias projeções imperialistas. Os integralistas pretendiam recuperar a posição de destaque um dia desfrutada pelo Brasil na região do Prata e, em especial, guiar espiritualmente a América Latina na direção do fascismo, pretensão que os *nacistas* chilenos também tinham no que concerne, pelo menos, à América andina. Os nacionalistas argentinos também projetavam a recuperação do suposto espaço perdido ao Chile na Patagônia, enquanto muitos mexicanos tendiam a ver no fascismo uma forma de conter o poder dos Estados Unidos. Tal postura era também compartilhada, inclusive, pela maioria dos fascismos latino-americanos. Nunca se chegou, contudo, à elaboração de plataformas claras de conquista militar dos vizinhos, o que reflete tanto o caráter embrionário da maioria dos movimentos como a fraqueza militar dos vários Estados do continente.

A herança católica foi valorizada pela maioria dos movimentos fascistas latino-americanos, ainda que com gradações. Os *nacistas* chilenos, por exemplo, tinham uma relação nem sempre harmoniosa com a Igreja Católica chilena, mas ressaltavam a herança católica como um elemento unificador do povo do Chile. Já os integralistas brasileiros estavam muito mais próximos da Igreja (que nunca lhes deu, contudo, total apoio) em termos de origens ideológicas e consideravam o catolicismo uma das essências nacionais. Mesmo assim, o integralismo não era uma emanação do catolicismo, sendo de fato eminentemente laico. Por fim, vários grupos fascistas espalhados pela América Latina não só identificavam a herança católica como elemento central da "Nação unificada" que se pretendia alcançar, como também estabeleceram laços ainda mais profundos que os europeus com a estrutura eclesiástica.

Um dos casos mais relevantes foi o da Argentina. Nesse país, como já indicado, as forças nacionalistas incluíam desde grupos reacionários, que enfatizavam a importância do Exército e da Igreja como instrumentos para restaurar a ordem nacional, até grupos propriamente fascistas. Tais grupos enfatizavam a colaboração, a aliança e a penetração ideológica no interior do Exército e da Igreja, formatando uma aliança que marcaria a história argentina por décadas. Em resumo, se a influência católica foi um traço marcante na história da direita latino-americana e, igualmente, do fascismo latino-americano, houve variações de monta de país para país.

O racismo europeu também foi profundamente adaptado para que pudesse fazer sentido em um continente mestiço. A proposta de uma uniformidade cultural e racial que fortaleceria a nação foi mantida, mas os termos dessa uniformidade não eram os mesmos. No Paraguai, a fusão entre os guaranis e os espanhóis seria a base da nova ordem, enquanto, no México e no Peru, o problema do racismo e da formação racial era considerado menor, ainda que houvesse restrições, por exemplo, aos imigrantes chineses.

No Chile, onde os *nacistas* chilenos tiveram uma influência maior do nazismo, construiu-se o mito de um povo chileno ariano, dentro do qual a raça europeia predominava e anulava as influências indígenas. Nessa concepção, os chilenos seriam os únicos representantes da raça ariana na América andina e, como tal, destinados a liderar países como o Peru e a Bolívia, ao mesmo tempo que rejeitavam a imigração peruana e boliviana para o Chile. Na Argentina, o discurso racista estava fortemente presente nas avaliações dos nacionalistas no tocante aos chilenos ou aos brasileiros. Não obstante, até pela elevada proporção de brancos na população e pela suposta eliminação dos indígenas, o racismo interno era menos acentuado por lá.

Já no Brasil, país onde, naquele momento, ao menos um terço da população era negra, as adaptações do discurso fascista tradicional tiveram que ser maiores. Nesse sentido, o integralismo repetia, em boa medida, o discurso tradicional da elite intelectual brasileira (a teoria das "três raças" que formariam o povo brasileiro) que valorizava a mestiçagem, mas proclamava que essa mestiçagem e a imigração iriam resultar em um país branco, "superior". Dessa forma, a sua visão racial não era tão exclusivista ou absoluta como a do nazismo ou mesmo a do fascismo italiano. Claro que, em parte, a opção era tática, pois o movimento tinha de camuflar quaisquer mensagens abertamente racistas para atingir a imensa população negra e também para anular os que acusavam os integralistas de compartilharem dos ideais nazistas. O racismo integralista, contudo, era realmente flexível e integrador o bastante para permitir a participação da população negra no movimento, o que deixava os observadores do fascismo italiano e, especialmente, do nazismo, desconcertados.

Também o antissemitismo teve gradações de país para país. A visão dos judeus como representantes de todos os males que se queria destruir foi muito comum, assim como uma visão negativa do povo judeu e a resistência à sua imigração. Isso esteve presente na Colômbia, no Peru, no Chile, no México e em outros locais. Na maior parte dos casos, todavia, o sentimento antijudaico tinha origens no tradicionalismo católico e mesmo movimentos mais próximos do nazismo alemão – como o nacismo chileno – não compartilhavam das teorias nazistas a respeito do "perigo judeu" e/ou advogavam a eliminação do povo judeu.

No Brasil, o antissemitismo foi um traço marcante na ideologia do integralismo, especialmente, mas não só, na ala liderada por Gustavo Barroso. Seu antissemitismo, contudo, era mais católico do que nazista, o que permitia diálogos com forças reacionárias nacionais e internacionais. A temática do antissemitismo, na verdade, apesar de muito útil na propaganda integralista, não era central no seu discurso: os judeus não eram os alvos principais do movimento, salvo enquanto identificados como representantes dos males do mundo da modernidade que se queria superar. Já na Argentina, o antissemitismo acabou por se tornar um tema fundamental, crucial, do discurso da direita, como elemento definidor da maior parte dos movimentos nacionalistas, seja dos tradicionalistas, seja dos fascistas. A importância numérica da comunidade judaica na Argentina, provavelmente, explica a força desse pensamento.

Outra característica marcante do fascismo latino-americano foi a sua, em geral, recusa dos aspectos mais totalitários do fascismo. A mobilização popular e o fortalecimento das ligações das massas com o Estado e o partido eram vistos com extrema desconfiança no continente. O modelo de sociedade geralmente implantado na América Latina implicava uma elite separada do povo por privilégios imensos em termos de riqueza e de poder e, até mesmo, em certos países, pela origem "racial". Não espanta que essas elites tenham preferido, sempre, soluções autoritárias às fascistas e que, mesmo entre os movimentos fascistas, o tom mais autoritário tenha predominado frente ao totalitário. O integralismo brasileiro talvez tenha sido a maior exceção, mas mesmo ele não conseguiu superar a desconfiança das elites.

Refletindo suas características internas, os fascismos latino-americanos tinham relações bem delimitadas com o mundo exterior. Autores reacionários, como Charles Maurras ou António Sardinha, eram lidos e admirados, e ditadores conservadores, como Franco e Salazar, atraíam enorme atenção, mesmo quando eram criticados justamente pelo seu "pouco fascismo". Os autores e os referenciais mais valorizados, contudo, eram os nacional-sindicalistas de Rolão Preto em Portugal, os falangistas da Espanha ou mesmo, até certo ponto, os austro-fascistas.

A Itália sofria algumas restrições entre os fascistas latino-americanos por seu suposto laicismo, mas, em geral, o racismo e o antissemitismo moderados, o bom relacionamento com a Igreja e os militares, bem como o tom mais autoritário do que totalitário do primeiro fascismo atraíam simpatias no continente. Apenas quando o fascismo italiano começou a adquirir tons mais totalitários, racistas e antissemitas, no final dos anos 1930, é que o encanto começou a diminuir, ainda que nunca tenha desaparecido.

O nazismo, em linhas gerais, nunca se tornou um referencial teórico central dos fascismos latino-americanos. O seu racismo biológico e o seu antissemitismo exacerbado faziam pouco sentido na América Latina, e suas relações tensas com a Igreja geravam mais desconfiança do que simpatia. A dificuldade de comunicação, cultural e linguística, também tornava a mensagem nazista restrita a um grupo específico – as comunidades de origem alemã – e o seu tom totalitário levava a desconfianças, pois, como já mencionado, as elites latino-americanas tendiam a suspeitar da mobilização popular, seja qual fosse. Claro que uma simpatia geral por Adolf Hitler existiu, e setores do integralismo brasileiro ou dos nacionalistas argentinos, por exemplo, aproximaram-se dos ideais nazistas de forma mais intensa. Também os *nacista*s chilenos tiveram um maior contato e diálogo com o Terceiro Reich, mas não chegaram a absorver toda a sua ideologia. Em resumo, o apelo nazista no continente foi menor do que o do fascismo italiano ou ibérico.

O fascismo, ao se instalar fora da Europa, teve que fazer, portanto, intensas adaptações para ter sentido em outros continentes, especialmente no americano. Mesmo assim, os seus elementos básicos foram mantidos, pelo que os fascistas canadenses, os integralistas brasileiros, os *nacistas* chilenos e tantos outros se viam e eram vistos, pelos europeus, como "irmãos de armas".

Se vários desses fascismos foram forças políticas de peso, com capacidade de mobilizar as massas, nenhum deles, contudo, foi capaz de atingir o poder, especialmente pelo fato de as elites (conservadoras, liberais ou autoritárias) não verem a necessidade de ceder espaço a eles em um momento de crise. A trajetória do fascismo na América do Norte se assemelhou à dos países democráticos do norte da Europa, enquanto a sua história na América Latina seguiu um padrão similar ao dos casos da Europa Oriental e, especialmente, de Espanha e de Portugal.

O fascismo era a grande novidade dentro do campo da direita e suas inovações, como o corporativismo, a mobilização das massas e o nacionalismo popular, influenciaram, em algum nível, a direita conservadora e as elites tradicionais. Elas, no entanto, continuaram no comando e os fascismos das Américas permaneceram forças marginais, até serem colocados completamente de escanteio pela derrota do Eixo em 1945. Eles tiveram uma sobrevida em termos de influência, ainda que muito restrita, nas ditaduras militares dos anos 1960 e 1970 na América do Sul, e há algum tipo de recuperação da herança fascista por diversos grupos de direita, em todo o continente, hoje. O fascismo, como proposta política, contudo, só teve possibilidades reais de chegar ao poder nos países do continente na década de 1930, que seriam enterradas com o início da Segunda Guerra Mundial.

Afinal, o que é o fascismo?

FASCISMO, FASCISMOS?

Dentro da imensa bibliografia já produzida a respeito do fascismo, uma das questões fundamentais é definir se ele deve ser visto como fenômeno único ou como uma coleção de movimentos, grupos e indivíduos, cada um com suas especificidades próprias. Na primeira tipologia, temos inicialmente abordagens que singularizam o fenômeno. O único fascismo, nessa perspectiva, seria o italiano; um fenômeno original que, ao ser copiado em outros locais, descaracterizou-se e se converteu em coisas diferentes. O grande objetivo dessa tipologia, na verdade, é separar o fascismo italiano do nazismo alemão, o que permitiria aos herdeiros do primeiro se desvencilharem dos crimes do segundo. Ainda nessa tipologia, outra possibilidade de análise é indicar o caráter individual de cada um dos vários movimentos e grupos. Tentar agrupar todos em um conceito geral seria um exercício inútil e pouco esclarecedor, pois as disparidades seriam tamanhas que inviabilizariam quaisquer aproximações. Só haveria fascismos, na melhor das hipóteses, nunca fascismo no singular.

A segunda tipologia reconhece as disparidades e as dificuldades em estabelecer aproximações, mas considera que não seria razoável imaginar que tantos grupos e movimentos teriam surgido mais ou menos ao mesmo tempo e com características semelhantes por puro acaso. O fascismo, dessa forma, não seria algo italiano copiado pelo resto do mundo, mas um fenômeno singular com manifestações particulares. Haveria, portanto, diversos fascismos, mas todos dentro de um conceito maior, o de fascismo.

Considero a segunda tipologia a mais adequada para o correto entendimento do fascismo, ainda que colocá-la em prática seja tarefa complicada. Estabelecer um "mínimo fascista" – ou seja, aquelas características comuns que permitem separar o que é fascismo do que não é – apresenta-se como um exercício válido para a compreensão da sua história. Uma definição mínima é necessária para que possamos entendê-lo e situá-lo historicamente e, em especial, separá-lo de outras ideologias e movimentos com os quais ele tinha afinidades e divergências.

AS DIFICULDADES TEÓRICAS EM DEFINIR O FASCISMO

Uma dificuldade para se definir o fascismo é a inexistência de um ou mais livros canônicos que facilitem a tarefa. Quase todas as grandes ideologias políticas da modernidade, de esquerda ou de direita, têm um ou mais textos-chave, os quais definem os termos do debate para os que as seguem. No caso do fascismo, contudo, isso não aconteceu. Seus textos básicos foram poucos e publicados depois da criação do movimento, como o *Mein Kampf*, de Adolf Hitler (cujos dois volumes são de 1925 e 1926), ou mesmo depois da tomada do poder, como o *La dottrina del fascismo*, de Benito Mussolini, de 1932. A *Opera omnia* de Mussolini – com 36 volumes recolhendo escritos, discursos, cartas e outros documentos – só foi publicada após o fim do fascismo e da morte do próprio *Duce*, nas décadas de 1950 e 1960.

Isso ocorreu, em primeiro lugar, pelo próprio caráter anti-intelectual do fascismo: ao defender a primazia da ação direta e da violência, os fascistas consideravam inútil qualquer elaboração teórica mais densa da sua própria doutrina, a não ser como algo a ser feito posteriormente, como forma de estabelecer um padrão ideológico mais definido para justificar a permanência no poder e controlar a sociedade. E, em segundo, porque o fascismo não se pretendia uma ideologia universal. Cada fascismo enfatizava a sua origem nacional, o que levava a um desprezo por textos canônicos que pudessem servir a todos.

Houve, com certeza, textos e documentos que guiaram os fascistas na formação de seu corpo de ideias, mas eles só seriam consolidados em um momento posterior, já em plena luta política e, mesmo assim, de forma precária. Isso deu vantagens aos fascistas, tornando mais simples a sua adaptação a diversos contextos, mas tornou mais complexa a tarefa de pesquisadores e estudiosos. Em outras palavras, a ideologia fascista existiu, tem uma historicidade e não surgiu simplesmente do nada. Mas a sua formatação teórica foi muito menos densa do que a de outras ideologias modernas.

Além disso, recuperando o detalhado nos capítulos anteriores, o fascismo foi um fenômeno que se estendeu por vários continentes e países, e absorveu elementos, dialogou e se hibridizou com outros movimentos e grupos, incorporando temas, problemáticas e maneiras de ver o mundo. Do mesmo modo, cada fascismo refletiu as suas origens nacionais e questões que cada cultura via como fundamentais. Ademais, os diferentes fascismos tiveram graus diversos de desenvolvimento locais; uns chegaram ao poder e se tornaram regime; outros nunca passaram de um grupo de alguns militantes isolados. Isso levou a variações significativas em termos de conteúdo programático: certos temas e problemáticas vitais para um fascismo não o eram obrigatoriamente para os outros, o que torna a análise ainda mais complexa. Por fim, manifestações do fascismo continuariam a existir depois de 1945 e mesmo nos dias de hoje, o que também exigiu uma adaptação em termos de programas e temas.

A maior dificuldade de todas para entender o fascismo, contudo, é que praticamente nenhum dos seus componentes ideológicos foi algo original. O fascismo foi uma forma de fazer política inovadora, talvez a maior novidade da política ocidental no século XX. Mas os elementos que a compuseram não têm grande originalidade, tinham origens antigas ou eram elaborações compartilhadas por outros grupos e ideologias da mesma época. Na verdade, todas as ideologias que surgiram com a modernidade beberam em fontes mais antigas e intercambiaram elementos e propostas, mas a máquina política fascista foi particularmente propensa a assimilar e absorver aspectos e elementos de outras.

Enfim, ter sido uma grande novidade a partir do já conhecido é uma contradição essencial do fascismo. Suas especificidades foram: a ênfase dada à ideia de "regeneração nacional"; o esforço para conectar a política interna e a externa; e a tentativa de superar a democracia através da mobilização das massas e da proposta de uma revolução alternativa, com tons totalitários, para conter a esquerda, o que não era habitual na direita radical até então. Mesmo assim, as bandeiras e as propostas fascistas são comuns a outros grupos e famílias políticas, pelo que um elemento isolado dificilmente poderia servir para identificar o fascismo dentro da política contemporânea.

O fascismo propunha, obviamente, uma ditadura, mas nem toda ditadura é uma expressão de fascismo. Ele indicava a regeneração nacional como prioridade, mas outros grupos e regimes também fizeram um diagnóstico semelhante, ainda que apresentando outras soluções para o problema. O fascismo tinha uma visão hierárquica da sociedade e, até por isso e pela época em que ele existiu, o racismo era algo comum na sua ideologia, mas nem todas as formulações racistas são fascistas. O fascismo atraia preferencialmente os membros das classes médias, mas ser de classe média não significa automaticamente adesão ao fascismo. Uma grande crise econômica, social ou política criou aberturas no tecido social e do Estado que facilitaram o crescimento do fascismo, mas nem toda crise levou a ele. Além disso, os fascistas se viam e se identificavam como revolucionários, mas essa identificação só faz sentido se tivermos em mente a definição deles de revolução. Em resumo, elementos isolados pouco nos ajudam a entender o cerne da questão, mas o seu estudo em detalhes nos fornece as respostas que procuramos.

Para começar, é válido recuperar e ampliar a definição apresentada já na introdução deste livro sobre o que é o fascismo em termos gerais. Trata-se de um movimento ou regime anticomunista, antissocialista e antidemocrático que identifica uma profunda crise na sociedade, uma decadência nacional que tem que ser revertida. Para tanto, ele propõe, pela via revolucionária, a substituição da ordem democrática burguesa e do liberalismo político e econômico por uma nova. Nessa nova realidade, haveria um Estado orgânico, hierárquico, corporativo e fundamentado em uma liderança carismática e em um partido único que serviria para a transmissão de uma ideologia específica, mobilizando a sociedade. Um partido único, aliás, que iria além de uma simples negação de outros ou de uma estrutura amorfa para acomodar interesses, mas seria uma real máquina de mobilização popular e transmissão ideológica, com a pretensão final de se substituir ao Estado e construir outro.

O fascismo também era, ao contrário dos movimentos reacionários ou conservadores, um movimento moderno, no sentido de não propor uma volta ao passado, mas acenar para um futuro diferente. Ele era, aliás, tão moderno e adaptado ao mundo democrático (ainda que o negasse) que proclamava a necessidade da mobilização contínua das multidões e utilizava uma política deliberada de ódio ao "outro" (judeu, comunista, imigrante, homossexual etc.) para garantir essa mobilização. Ao mesmo tempo, o fascismo tinha uma perspectiva totalitária, ainda que não tenha conseguido implantá-la completamente. Ele não rompeu, contudo, com a ordem capitalista, e suas bases ideológicas, ao final, eram as da direita: ordem, hierarquia, desigualdade como valor positivo etc.

A revolução da contrarrevolução, essa seria uma boa definição do fascismo.

Examinando os principais componentes da máquina fascista, seremos capazes de compreender o que os fascistas pensavam e projetavam para o mundo, e diferenciar com mais precisão a sua ideologia frente a outras.

OS ELEMENTOS CONSTITUINTES DA IDEOLOGIA FASCISTA

Uma forma de definir o fascismo é pelo olhar inverso, ou seja, identificando os seus rivais e adversários, os alvos centrais da sua ação política. O maior inimigo do fascismo é o liberalismo no seu sentido clássico, ou seja, a democracia burguesa como estabelecida e consolidada a partir do Iluminismo e da Revolução Francesa. O sistema liberal tem alguns princípios filosóficos básicos, como o de que o poder emana do povo e em seu nome deve ser exercido; o de que o ser humano tem direitos inalienáveis; e o de que deve haver respeito à lei expressa em uma Constituição. A partir desses princípios, pressupõem-se a liberdade individual de expressão, crença e associação, o Estado de Direito – que garante que o próprio Estado tem que cumprir as suas leis e proporcionar julgamento justo a seus cidadãos –, a igualdade perante a lei e a divisão dos poderes do Estado. Esse novo modelo de Estado e sociedade também previa a eleição dos governantes pelo voto dos cidadãos, de forma a garantir o governo da maioria, mas respeitando os direitos das minorias. O antigo súdito, nessa nova realidade, tornava-se cidadão, com direitos e deveres frente ao Estado.

Esse é um modelo geral que recebeu ênfases diferentes conforme cada época e lugar, mas, ainda assim, ele se espalhou nos séculos XVIII e XIX e se tornou o paradigma de civilização a ser seguido na maior parte do mundo não colonizado. Uma parte da direita o aceitou, considerando-o o mais adequado para a sociedade que a modernidade capitalista ia construindo. Mesmo parte da esquerda acabou por incorporá-lo, considerando que ele poderia ser um bom instrumento para combater as forças tradicionais, como a Monarquia e a Igreja, e lutou para o seu aperfeiçoamento.

Partes da direita, contudo, o rejeitaram de imediato. Para autores como Joseph de Maistre (1753-1821), o liberalismo representava um rompimento com a ordem natural das coisas, e com os princípios católicos e monárquicos que deviam reger a sociedade. O liberalismo e seus princípios, nessa perspectiva, eram não apenas ilegítimos, como também perigosos. Ao nivelar todos como cidadãos, rompia-se o princípio hierárquico fundamental da sociedade, e, ao negar o direito divino dos reis, abria-se margem para a contestação da autoridade, o que levaria à violência e ao terror. Mais ou menos na mesma época, Edmund Burke (1729-97) fazia críticas semelhantes e, como De Maistre, pregava a volta à tradição como forma de reparar os danos que a Revolução Francesa estaria a impor nas sociedades europeias. Autores contrarrevolucionários também negavam, por princípio, a existência de direitos individuais ou inatos, já que era o pertencimento a um grupo, reconhecido pelo rei e pela religião, que dava legitimidade a reinvindicações e à representação política.

Dentro do campo da direita, essas críticas ao liberalismo não eram exclusivas da sua franja radical. Já no século XIX, pensadores como Alexis de Tocqueville (1805-59) valorizavam a democracia representativa e as liberdades individuais, mas advertiam sobre os riscos que a democracia trazia. Setores conservadores, ligados à burguesia nascente, também demonstravam ansiedade e receio pelos riscos da democracia, ainda que a aceitassem até como forma de fazer o capitalismo se desenvolver e eles terem mais espaço dentro do Estado. Foi a direita radical, contudo, a mais incisiva nas suas críticas ao liberalismo: ao perder a ligação com Deus, representada pelo papa e pelo rei, a sociedade caminhava para o caos e só o retorno à velha ordem poderia salvá-la.

Nesse contexto, não espanta que, entre o século XIX e boa parte do século XX, essa crítica ao liberalismo tenha ficado abrigada, essencialmente, nas estruturas da Igreja Católica. Em boa medida, eram padres ou intelectuais católicos, como Charles Maurras, que mantinham a luta contra o iluminismo, a Revolução Francesa e os seus herdeiros.

Os fascistas beberam diretamente dessas preocupações, mas as retrabalharam segundo os princípios do século XX e, especialmente, do mundo pós-Primeira Guerra Mundial. Eles continuavam a identificar, no liberalismo, a fonte de todos os males, e a rejeitar a democracia representativa e os direitos individuais. No liberalismo estaria a origem da crescente fragmentação da sociedade, dividida entre partidos, indivíduos atomizados, classes e identidades em conflito. Tal fragmentação levava a um enfraquecimento do Estado e da nação e à perda das hierarquias fundamentais. No que se refere ao antiliberalismo, o fascismo estava mais próximo do que distante dos pensadores reacionários e contrarrevolucionários dos séculos anteriores.

O fascismo, contudo, não propunha a volta da sociedade rural, do rei e da religião, nem compartilhava o sonho de reverter o relógio da história para um mundo pré-1789. Ele reconhecia que a modernidade capitalista e o próprio liberalismo haviam produzido um mundo diferente e que era necessário se adaptar a ele. Esse mundo era povoado por massas urbanas, cada vez mais laicas e menos propensas a serem espectadoras passivas da história. O fascismo também reconhecia que o poder vinha do povo, sendo a grande questão como controlar e disciplinar isso. A solução fascista para os males da modernidade não era, pois, a simples contrarrevolução, como seus predecessores haviam projetado. No lugar, a proposta era de uma revolução alternativa, que criaria uma sociedade que superaria os males do mundo contemporâneo e do liberalismo, mas sem fazer um retorno ao passado e mantendo a essência do sistema, ou seja, o capitalismo.

Essa é a razão por que, como visto na prática nos capítulos anteriores, a relação dos fascistas com os conservadores e os reacionários foi centralmente de proximidade e de aliança, mas sempre permeada por desconfianças e dificuldades. Quando se tratava de diagnosticar os males do liberalismo e combater a esquerda, eles estavam juntos, mas no momento de discutir o que se colocar no lugar, as diferenças imediatamente emergiam. Era possível para um fascista simpatizar com um militante do catolicismo reacionário, por exemplo, e vice-versa, especialmente nos momentos em que a luta contra a esquerda era prioridade. Também era comum setores conservadores, ligados às elites, aliarem-se aos fascistas para impedirem avanços eleitorais ou políticos da esquerda ou para controlar o que eles percebiam como "excessos da democracia" ou "reinvindicações excessivas" das classes populares.

Era impossível, no entanto, ser fascista conservador e reacionário simultaneamente, já que cada um deles propunha soluções diversas para os problemas e, ao mesmo tempo, tinha concepções diferentes sobre a própria origem do poder e da sua legitimidade. Os fascistas recusavam as soluções conservadoras (uma ditadura militar ou uma suspensão da democracia quando necessário, por exemplo) ou reacionárias (monarquia, religião e nobreza) para a crise social. Propunham uma revolução alternativa que iria restaurar a união e a comunhão nacional destruída pelo liberalismo, mas sem deixar de reconhecer a realidade do mundo moderno e laico. O ódio ao liberalismo é um traço comum da direita radical desde 1789 e a novidade fascista foi adaptá-lo a uma nova realidade.

Ainda nessa discussão, um tópico sempre polêmico é se o fascismo é um herdeiro ou o maior inimigo da tradição iluminista. A herança iluminista efetivamente abriu o caminho para a criação de utopias e distopias modernas: se o mundo não é preordenado por Deus e é feito pelos homens, outra realidade é possível. O fascismo, como visto, adotou esse princípio e desenvolveu uma proposta laica e moderna, ainda que absorvendo os valores tradicionais, para a sociedade. Portanto, o fascismo não teria sido possível fora da modernidade em boa medida gerada pelo Século das Luzes. Em contrapartida, foi justamente na reação ao Iluminismo que se desenvolveu uma extrema direita antidemocrática, conservadora e autoritária, a qual serviu de base para a ideologia fascista. *Surgido dentro do mundo criado pelo Iluminismo e pelo liberalismo, mas seu inimigo*: essa é mais umas das contradições do fascismo.

* * *

Nos debates e nas discussões dentro do Iluminismo e depois de 1789, a grande questão passou a ser como lidar com a herança daquele momento de ruptura, simbolizada na frase: "Liberdade, igualdade e fraternidade". A modernidade gerou um consenso de que essas três bandeiras deviam ser, em princípio, as que guiariam as sociedades contemporâneas. Mas como defini-las? Diversas interpretações do que significava ser livre ou de como medir a igualdade entraram em disputa, em uma batalha de significados que continua até hoje.

Esses significados e propostas também se alteram significativamente no tempo e no espaço. O que chamaríamos de esquerda no Brasil no século

XXI não é o mesmo na Alemanha dos anos 1920 ou na França de 1780. E, da mesma forma, ser de direita no Estados Unidos na década de 2020 não é o equivalente a ser de direita na Itália em 1920 ou no Império Alemão em 1880. Além disso, esses significados diversos existem também simultaneamente e uma pauta fundamental para um grupo ou movimento de esquerda ou de direita pode ser menos importante para outro, o que leva a conflitos e disputas. Isso nos permite compreender como sempre há várias "esquerdas" e várias "direitas" em aliança e disputa no espaço político.

Como os atores se alteram no decorrer do tempo, assim como as pautas de luta, é inevitável que surja a impressão de que, na verdade, direita e esquerda são conceitos vazios e sem significado real. No entanto, é imprescindível perceber as diferenças filosóficas de fundo, que permitem ir além das realidades nacionais e pensar em longo prazo.

Conforme indicado pelo filósofo italiano Norberto Bobbio (1909-2004), duas polarizações emergiram com a modernidade, ambas relacionadas justamente ao problema da liberdade e da igualdade. Uma primeira polarização opõe democracia liberal e ditadura. Em uma ponta, estão os defensores da democracia e, na outra, a sua oposição, ou seja, a ditadura, com várias posições nuançadas entre os polos. O debate, nesse caso, é sobre o nível de liberdade adequado para a sociedade e como aplicá-lo. Já a segunda polarização tenta estabelecer se a sociedade deve ser mais ou menos igualitária e como gerir isso. Um debate que contrapõe de um lado a esquerda, aquela que defende a maior igualdade possível, e, na outra ponta, a direita, que tende a ver na desigualdade algo natural e até positivo.

A partir dessas polarizações, várias combinações são possíveis, e tais variantes representam, em essência, a política moderna. Nessa perspectiva, há esquerdas que defendem a democracia e outras que consideram a ditadura o melhor caminho. Há também direitas liberais e democráticas, bem como direitas que não veem problemas na ditadura.

Dessa forma, a dicotomia democracia *versus* ditadura serve para distinguir aqueles movimentos e grupos que, no decorrer da história, aproximaram-se ou se distanciaram do modelo liberal. Já a dicotomia direita *versus* esquerda trabalha o problema da igualdade, de como as diferenças entre os indivíduos e grupos que existem dentro da sociedade devem ser encaradas. Por mais que as bandeiras mudem e as pautas se alterem, a questão de fundo é filosófica, e diz respeito a como encarar as heranças de 1789.

A partir de uma perspectiva democrática, a direita e a esquerda moderadas podem colaborar, como fizeram, por exemplo, na formatação dos Estados de Bem-Estar Social na Europa depois da Segunda Guerra Mundial. A partir de uma bandeira nacionalista e de defesa do Estado, a extrema esquerda e a extrema direita também podem, em tese, marchar juntas em algumas situações, ainda que, historicamente, isso raramente tenha acontecido. Do mesmo modo, a experiência da esquerda pode ser utilizada pela direita para seus próprios fins (e vice-versa), e indivíduos e grupos podem caminhar de um polo a outro, mas isso é menos frequente do que parece. Os dois eixos se cruzam, mas não são equivalentes.

Posto isso, fica mais claro como e por que *o fascismo é uma ideologia e uma prática política que pertence ao campo da direita*, e como seria errôneo colocá-lo no campo da esquerda. O fascismo considera que nenhuma sociedade pode e deve funcionar sem hierarquias, e que a desigualdade entre as classes sociais, os homens, as raças, os gêneros e as nações são um dado imutável da realidade. Nesse ponto, ele está perfeitamente dentro da tradição de séculos da direita, que sempre se propôs a gerir as diferenças, não as eliminar. O diferencial fascista é que ele se propõe a gerenciar essas diferenças não através da religião ou da lealdade ao rei, por exemplo, mas dentro de um novo projeto de Estado e sociedade, com um viés totalitário.

Na sua cruzada contra a esquerda, os alvos preferenciais dos fascistas eram os comunistas, em suas várias manifestações, os quais foram perseguidos de forma implacável e com o auxílio da propaganda fascista. Isso aconteceu porque igualar o comunismo à esquerda era uma estratégia eficiente de mobilização (o que, aliás, é feito até hoje) e facilitava o diálogo com as forças tradicionais; e também porque, entre as duas guerras mundiais, o comunismo era uma alternativa real de poder, um rival sério na disputa pelas massas populares nos mais diferentes países. No entanto, todos os movimentos e grupos de esquerda foram perseguidos pelos fascistas, o que inclui socialistas, liberais de esquerda, anarquistas e outros.

Em resumo, sendo o fascismo uma manifestação da direita, movimentos, partidos e grupos de esquerda foram intensamente perseguidos pelos regimes fascistas: não bastava retirá-los da arena política, era necessário extirpá-los, pois eram vistos como um inimigo existencial.

Apesar da sua recusa em enfrentar realmente o problema da desigualdade e das divisões na sociedade, a direita sempre teve que discutir estratégias para que elas não se convertessem em um problema insuperável.

Os liberais habitualmente consideravam que a representação das diferenças no sistema político e a possibilidade de sucesso pessoal resolveriam a questão: garantidos os direitos mínimos, em especial o de propriedade, e a capacidade de se expressar politicamente via eleições, não haveria por que a sociedade se desintegrar. Boa parte dos conservadores aceitava esse pressuposto, mas ressaltava a necessidade de "válvulas de segurança", como a possibilidade de promover golpes de Estado, caso o direito de propriedade fosse posto em dúvida ou se as hierarquias sociais fossem excessivamente questionadas. Já os reacionários e os tradicionalistas rejeitavam essa saída e consideravam que uma sociedade, para funcionar, precisava de algum princípio comum que permitisse que os membros da sociedade interagissem de forma harmônica; esse princípio podia ser a lealdade a um monarca ou uma religião comum.

No caso do fascismo, esse princípio seria o nacionalismo. Isso é tão evidente que, em tese, não haveria necessidade de maiores explicações: os fascistas eram nacionalistas, em oposição ao internacionalismo dos liberais e da esquerda, e seu nacionalismo seria a chave explicativa para entender as suas propostas e ações. A questão, contudo, é mais complexa. O nacionalismo é mais uma das novidades trazidas pela modernidade e seu princípio essencial é a existência de uma identidade coletiva, a nação, a qual deve não apenas superar todas as outras (regionais, de classe, religiosas etc.), como também se expressar em uma organização política, ou seja, o Estado-nação. Em princípio, uma nação seria o reconhecimento, por parte de um grupo de pessoas, de uma história e interesses em comum, o que levaria, naturalmente, ao desejo de construir uma comunidade. Esse desejo confluiria, por fim, na construção de uma entidade política própria, o Estado-nação, a qual defenderia os interesses dessa comunidade frente a outras.

Essa interpretação esquece, contudo, que há vários tipos de nacionalismo. No liberalismo, por exemplo, a nação é o espaço comum onde se exerce a cidadania e se perseguem objetivos individuais, sem ser necessário, ainda que fosse desejável, que todos fossem da mesma etnia ou falassem a mesma língua. Para progressistas de meados do século XIX, como Giuseppe Garibaldi (1807-82) ou Giuseppe Mazzini (1805-72), a nação era o instrumento para o rompimento com as forças da tradição, como a Monarquia e a Igreja, e para a criação de uma nova sociedade. Já para os inúmeros movimentos de libertação nacional da época da descolonização, após 1945, o nacionalismo era uma forma de combater os impérios e lutar contra a exploração.

Os vários nacionalismos também tinham pressupostos diferentes sobre quem poderia fazer parte do Estado-nação. Alguns nacionalismos pensavam a nação em termos de cidadania. Era necessário que os cidadãos fossem capazes de se comunicar entre si para que a sociedade e o mundo político pudessem existir, mas não seria preciso uma homogeneidade total em termos de etnia e língua. Dessa forma, grupos que falavam idiomas regionais, estrangeiros ou imigrantes podiam, potencialmente, fazer parte dessa nação, tornando-se cidadãos e atuando no espaço público. Já outros nacionalismos faziam questão da uniformidade étnica, linguística e racial: uma nação só podia existir como expressão de uma história compartilhada, de uma origem étnica e de uma língua comuns, e a cidadania não era algo negociado, mas um direito que emanava do nascimento.

Em resumo, havia vários nacionalismos e percepções do que seria nação. Assim, simplesmente chamar os fascistas de nacionalistas não explica muito. É fundamental entender qual era o nacionalismo dos fascistas, e no que ele se aproximava e se diferenciava de outros modelos de construção nacional e de nação.

O nacionalismo fascista teve as suas origens no nacionalismo étnico-linguístico, mas também bebeu nos teóricos nacionalistas europeus que associavam nacionalismo com império. Para esses teóricos, a nação deveria ser renovada por dentro, através de uma revolução, tornando-a capaz de competir na guerra pela sobrevivência com outras nações, conquistando territórios e aumentando o seu poder. Ao mesmo tempo, seria por meio da guerra, do combate incessante, que a nação se renovaria continuamente. A relação entre expansão imperial e renovação interior estava presente em vários teóricos do imperialismo dos séculos XIX e XX, e o fascismo a absorveu e radicalizou.

O fascismo, contudo, também trouxe uma novidade a esse tipo de nacionalismo: uma visão extremada de decadência nacional que só poderia ser revertida pela revolução e pela total mudança de rumos. Não haveria a recuperação da nação apenas trocando a liderança através de eleições ou trazendo de volta o rei; seria preciso igualmente uma mudança total do Estado e da sociedade, a ser conduzida pelos fascistas. Somente pela revolução, a decadência e o colapso da nação seriam revertidos e haveria o seu renascimento.

Aqui está a chave, provavelmente, para entender algumas das reservas das elites tradicionais frente ao fascismo. Ao aceitar a presença das massas populares na esfera pública e ao mobilizá-las, o fascismo agia na preservação da ordem, mas, ao mesmo tempo, a mobilização contínua das pessoas comuns podia sair do controle e isso poderia, potencialmente, afetar os interesses dessas próprias elites.

A tomada do poder seria apenas um primeiro passo em um processo de regeneração nacional, que levaria muito tempo. O fascismo se propunha a criar um "novo homem" e uma "nova sociedade", pelo que o esforço nos campos da educação e da cultura foram intensos: as novas gerações tinham que ser moldadas para a nova realidade. Ao mesmo tempo, convém ressaltar os instrumentos fundamentais para a conquista do poder e para a pretendida regeneração nacional: o líder carismático e o partido, nos moldes imaginados pelo fascismo.

O fascismo pressupõe a existência de um líder carismático. Nenhum fascismo pode prescindir dele e nos locais onde não surgiu, por motivos diversos, um homem capaz de unir as forças da direita radical, como na Argentina, o fascismo organizado teve muita dificuldade em avançar politicamente. O líder fascista é habitualmente carismático, capaz de mobilizar as massas com seus discursos e conduzi-las.

A crise dos anos 1930, na verdade, foi terreno fértil para a emergência de lideranças fortes, consideradas necessárias para conduzir seus países em tempos de dificuldades econômicas e sociais e, posteriormente, de guerra. Essas lideranças foram de esquerda ou de direita, pertencentes ao campo conservador ou ao liberal, desenvolveram-se em ditaduras ou democracias. O líder fascista, contudo, não é exatamente igual aos outros. Ele tira a sua autoridade e a sua legitimidade não do direito de nascimento, como um monarca, ou da sua vitória nas eleições, mas do fato de ele ser, em tese, a encarnação viva da nação e do povo. Além disso, ao contrário do que acontece com lideranças populistas, por exemplo, cuja conexão com o povo é a mais direta possível, o líder fascista controla e se comunica com a sociedade por meio do partido. Sem o partido, o líder perderia seu canal de comunicação com o povo e sua capacidade de fazer esse povo seguir as suas diretrizes. Dado esse fato, entender o papel do partido no sistema de poder fascista é algo essencial.

Os partidos políticos, como os entendemos no século XXI, surgiram na Era Moderna, especialmente após a Revolução Francesa. Antes, havia facções políticas em disputa pelo controle do Estado ou pelo favor do monarca e eleições não eram incomuns, como as que existiam para os cargos da República Romana na Antiguidade ou nas Câmaras Municipais da América portuguesa. No sentido atual, entretanto, os partidos políticos, dentro do sistema liberal, são expressões de ideologias ou grupos de interesses que lutam para, por intermédio das eleições, conseguir o controle do Estado.

Em regimes não democráticos, a situação não é a mesma, e os partidos podem ter várias funções e prerrogativas. Uma ditadura pode simplesmente eliminar todos os partidos, reduzir o seu número ou restringir as suas prerrogativas. Também não é incomum que uma ditadura crie um partido único sem grandes poderes, apenas para cumprir funções meramente cerimoniais, para dar empregos aos apoiadores do regime ou mesmo para facilitar a ligação da sua liderança com o povo.

No caso do fascismo, o partido adquire um sentido e um significado muito mais amplos: ele é o instrumento para a tomada do poder (seja pela via eleitoral, seja pelo golpe de Estado) e, depois, o canal privilegiado para a construção da "nova ordem". O partido serve, antes de tudo, como correia de transmissão das diretrizes do líder para o povo. No liberalismo, os partidos políticos e as instituições mediam a relação da liderança do Estado com a população e, no populismo, a relação entre o líder e o povo é direta. No fascismo, é o partido único que transmite, através das suas várias agências e organizações, a mensagem do líder e a ideologia fascista à sociedade. Trata-se de um partido, portanto, vivo, atuante, que existe em paralelo com o Estado, competindo com ele e também o influenciando, com o objetivo final de se tornar o novo Estado.

Novamente, é possível ver aqui o caráter revolucionário do fascismo. Em longo prazo, o plano fascista era eliminar progressivamente o antigo Estado e substituir as estruturas da velha ordem – as Forças Armadas, a religião, as elites políticas tradicionais, a burocracia do Estado – por novas, que vinham do partido. Nesse sentido, a religião tradicional seria substituída pela ideologia fascista, as Forças Armadas dariam lugar às milícias e a burocracia do Estado seria trocada pela do partido. Revolucionado, o Estado estaria em condições de reverter a decadência nacional e implantar a "nova ordem". Na prática, como vimos nos mais variados casos, isso não aconteceu, mas a perspectiva de fato era essa.

Nessa questão fica evidente, mais uma vez, a diferença do fascismo com relação a ditaduras autoritárias de direita. No caso destas últimas, são as forças da ordem – as Forças Armadas, a Igreja, as elites tradicionais – que continuam a comandar o Estado, ainda que em um formato autoritário. Já o fascismo surge geralmente a partir de um movimento popular e se organiza em um formato particular de partido, para depois negociar e fazer alianças com os militares, o clero e as elites econômicas e políticas. Ele não é uma emanação dos clubes da alta sociedade, dos quartéis e dos templos.

A relação ambígua e contraditória entre Estado e partido também é um elemento fundamental da estrutura de poder fascista. Com os fascistas no governo, não havia uma simples influência do partido dominante no Estado, como acontece em qualquer regime político, mas uma verdadeira relação simbiótica: os órgãos do partido e do Estado se confundiam, disputavam e colaboravam entre si, intercambiavam líderes e recursos. A questão central é que, para que o projeto fascista de remodelação da sociedade pudesse se dar, o partido era essencial e não podia ser simplesmente esquecido. Além disso, o fascismo tinha uma pretensão totalitária, de controle o mais absoluto possível não apenas da dissidência, como também da própria consciência das pessoas. O Estado tradicional não daria conta desses objetivos.

A definição de *totalitarismo* não é consensual, mas normalmente indica um sistema de poder em que o Estado consegue adquirir controle absoluto sobre a sociedade civil e a vida privada dos cidadãos. Um sistema que não se limita a eliminar os opositores e controlar a dissidência, como em um regime autoritário, mas que quer realmente que as pessoas, muito além de apenas obedecer a ordens, incorporem a ideologia e ajam de acordo com ela em todas as instâncias da vida. Mesmo em casa, sozinho no seu quarto, o "novo homem" imaginado pelo totalitarismo devia pensar conforme a ideologia dominante.

As duas grandes críticas ao conceito de totalitarismo aplicado ao fascismo são pertinentes. A primeira ressalta o seu uso instrumental durante a Guerra Fria, quando se procurou igualar, especialmente nos Estados Unidos, o fascismo com o regime vigente na União Soviética. A segunda salienta que nunca houve um Estado realmente totalitário, a não ser na ficção. Com efeito, basta recordar o quanto os regimes fascistas eram caóticos para ficar evidente que eles nunca foram de fato totalitários. Permeados por uma divisão intensa entre as várias instituições do partido e do Estado, por grupos de interesse e feudos pessoais, os regimes fascistas eram normalmente disfuncionais e só a presença do líder os fazia funcionar.

A União Soviética, especialmente no período de Stalin, tinha uma pretensão totalitária em algum nível, uma ideologia a conquistar as massas, e a relação entre partido, no caso o Partido Comunista da União Soviética, e o Estado também foi simbiótica, ainda que em outros termos, já que o velho Estado russo havia sido efetivamente destruído durante a Revolução de 1917 e o partido comunista, portanto, tinha muito mais poder. Mesmo assim, não se pode dizer que a União Soviética era uma equivalente da Alemanha nazista, até porque suas utopias eram distintas: tais regimes eram emanações das tradições da esquerda e da direita, e procuravam construir a desigualdade ou a igualdade absoluta e, nesse sentido, reunir Moscou e Berlim na mesma classificação é dificilmente aceitável. Além disso, o papel do líder, a forma de lidar com as massas populares, a relação entre partido e Estado, a questão do imperialismo e tantos outros elementos não eram exatamente iguais entre os dois regimes.

No entanto, se pensarmos em regimes e movimentos com uma *perspectiva totalitária* em vez de plenamente totalitária, a questão talvez possa assumir outro significado. Se totalitarismo é a mobilização da sociedade e das pessoas com o intuito de modificá-las, buscando um controle completo da sociedade pelo Estado, é correto afirmar que tivemos historicamente movimentos e regimes com perspectivas totalitárias, sem nunca, entretanto, tornarem-se totalitários por completo. Nesse sentido, o uso do conceito, a meu ver, torna-se válido.

Com o totalitarismo como perspectiva, é possível entender a magnitude dos serviços de repressão e propaganda criados pelos fascismos ao chegarem ao poder. Toda ditadura precisa calibrar a repressão e a propaganda para funcionar, mas os regimes com pretensão totalitária levaram isso ao limite. A polícia vigiava todos os espaços e a propaganda era capilar, chegando a todas as partes, de forma que todos tivessem contato com a nova ideologia e a nova realidade. Alguns espaços para a dissidência se mantiveram, mas a proposta era a de que eles fossem, com o tempo, eliminados.

Além do já mencionado, a proposta totalitária fascista tinha outro diferencial de peso frente à soviética. No sistema soviético, o capitalismo foi eliminado, e uma nova organização social e política efetivamente emergiu. No fascismo, o capitalismo continuou a existir, ainda que controlado e submetido ao Estado. Os soviéticos podiam argumentar que a luta de classes havia sido superada pela revolução. Os fascistas tinham que apresentar alternativas para gerenciá-la e isso foi feito por meio de uma bandeira fundamental do fascismo, o corporativismo.

O corporativismo é uma ideologia que defende a organização da sociedade por grupos corporativos, como associações e sindicatos, com base em interesses comuns. O termo é derivado do latim *corpus*, ou corpo humano, e sua origem linguística elucida bem o ideal: a sociedade atingirá um funcionamento harmonioso quando cada uma de suas divisões desempenhar de maneira eficiente sua função designada, como os órgãos de um corpo que contribuem individualmente para o seu funcionamento.

Várias propostas que podemos chamar de corporativas foram elaboradas no decorrer da história, como as guildas medievais ou os vários corpos políticos (representando privilégios de cidades, regiões, classes e grupos) que limitavam, em alguma medida, o poder dos reis na Era Moderna. A sistematização mais importante do corporativismo no mundo contemporâneo veio da Igreja Católica, especialmente a partir da publicação da encíclica *Rerum Novarum* em 1891. O documento rejeitava o individualismo capitalista e o socialismo, e defendia a dignidade dos trabalhadores, "filhos de Deus" e, portanto, portadores de direitos inalienáveis. A proposta católica também enfatizava a importância dos corpos sociais intermediários – família, grupos e associações – na estrutura da sociedade. Ela não propunha uma ação direta do Estado para que esse corporativismo pudesse ser aplicado, mas uma recuperação da ética cristã, a qual levaria a sociedade ao ideal corporativo. De qualquer modo, era uma proposta de colaboração entre classes, grupos e indivíduos, mediada pela fé católica, para anular a luta de classes.

O corporativismo, na verdade, tinha um apelo tão grande no período entreguerras (pois parecia, afinal, uma solução perfeita para a luta de classes), que diversos movimentos e regimes, mesmo não fascistas, o adotaram em algum nível. Salazar em Portugal, Dollfuss na Áustria, Getúlio Vargas no Brasil e muitos outros são exemplos de líderes que procuraram combinações do corporativismo católico e do fascista, em um ou outro nível. Até mesmo governos democráticos, como o de Franklin Roosevelt (1882-1945), nos Estados Unidos, que nunca foi corporativo, viram com bons olhos propostas para garantir direitos aos trabalhadores e fortalecer os sindicatos, até como forma de aliviar as pressões sociais em plena crise. Igualmente, setores da esquerda moderada, não comunista, pensaram na hipótese de algum tipo de cooperação entre as classes, visando ao bem comum e à melhora das condições de vida.

No caso do fascismo, a proposta corporativa tem diferenças com relação às outras. O corporativismo fascista concorda que a colaboração entre as classes é a melhor alternativa para a luta de classes e que os trabalhadores têm direitos, ainda que a fonte deles não seja Deus, mas o fato de pertencerem a um grupo nacional ou racial "superior". A grande diferença é que a proposta fascista considera que o Estado deve agir diretamente para gerir e organizar esse corporativismo, criando inclusive, em alguns casos, ministérios e organizações dedicadas exclusivamente a esse fim. Os pensadores fascistas também dedicaram muito tempo e energia a pensar esse corporativismo e a discutir como ele poderia ser posto em prática.

Diferenças emergiram entre os vários fascismos nessa questão. Os italianos, por exemplo, enfatizaram muito mais a organização da sociedade em sindicatos e corporações e a sua representação no Estado, enquanto os alemães preferiram pensar o corporativismo em termos de "solidariedade racial". Já alguns fascismos latinos, como o integralismo, mesclaram propostas de organização corporativa ao estilo fascista com um tom católico. Da mesma forma, é importante recordar, como indicado nos capítulos anteriores, que boa parte dessas propostas corporativas nunca saiu do papel e que, ao final, a "cooperação entre as classes" que elas propunham beneficiava na prática mais os empresários do que os trabalhadores.

No entanto, apesar dessas diferenças de enfoque e entre teoria e prática, é impossível negligenciar a importância do corporativismo para a ideologia fascista e o seu diferencial maior, ou seja, que esse corporativismo devia se dar dentro do Estado. Ao mesmo tempo, o corporativismo era um elemento-chave no seu diálogo com outras forças conservadoras que também o apoiavam, como os católicos.

A aversão ao "outro" é outra característica essencial do fascismo. Como já indicado, a existência de um "outro" é fundamental para a criação de uma identidade coletiva. Não é possível ser membro de uma nação, de um grupo social ou político ou de qualquer coletivo sem que haja um "outro" com o qual se contrapor. No entanto, a existência desse "outro" não implica obrigatoriamente que ele deva ser considerado o mal absoluto ou que deva ser destruído. Nos regimes liberais, por exemplo, as maiorias governam, mas os direitos das minorias devem ser preservados, ao mesmo tempo que é possível ser nacionalista sem desejar a morte dos vizinhos.

No fascismo, contudo, o "outro" é visto como um inimigo cósmico, algo ou alguém que representa uma ameaça existencial ao coletivo e que deve ser combatido e destruído de forma implacável. Exatamente quem é esse "outro" é algo que varia conforme o tempo e o espaço. O "outro" também pode ter uma fortíssima conotação racial, como no caso do nazismo (que elegeu o "judeu" seu maior inimigo) ou seguir um padrão nacionalista mais tradicional. Não é possível, contudo, haver um fascismo sem essa visão maniqueísta do mundo: o "outro" é aquele que reúne todas os aspectos negativos, tudo aquilo que não se quer ser, e ele não pode ser redimido, convertido ou tolerado; só pela sua destruição a redenção poderá ser atingida.

É também cara à visão de mundo fascista a ideia da "sobrevivência do mais forte". O mundo, nesse sentido, é visto como uma grande arena, onde nações, raças e grupos estão em uma disputa total e eterna, e a única possibilidade de sobrevivência é a violência e o mais absoluto desprezo pelo "outro". Essa visão de mundo já vinha desde o século XIX, estando presente, por exemplo, em setores do pensamento nacionalista e no pensamento imperialista do século XIX, mas o fascismo a refinou.

Outro traço marcante no fascismo, particularmente no seu período clássico, é a sua ambição imperial. Um fascismo podia investir na expansão armada, pela guerra, como fez a Alemanha de Hitler e a Itália de Mussolini, ou na dominação pela força de uma cultura que se imaginava superior, como a preconizada pelo fascismo italiano em relação aos países latinos da América e da Europa. Também podia imaginar um tipo de hegemonia simbólica pelo exemplo, como os integralistas fizeram com relação aos vizinhos do Brasil, ou mesmo pela simples força da raça que se imaginava superior, como os *nacistas* chilenos na sua relação com peruanos e bolivianos. Uma combinação desses elementos era o mais comum. Mesmo os fascismos que surgiram em países pequenos e pouco capazes de ações imperiais tinham projetos expansionistas, o que explica os sonhos da "Grande Finlândia", da "Grande Grécia", da "Grande Croácia" e tantos outros. Nesse sentido, podemos ver o fascismo como o capítulo final da longa história do imperialismo europeu, tanto que foram os fascistas a iniciarem e lutarem as últimas grandes guerras imperialistas, com destaque para a Segunda Guerra Mundial.

O fascismo, contudo, agregou a isso um elemento emotivo, o ódio: não bastava derrotar o inimigo e dominá-lo, mas era fundamental detestá-lo, desumanizá-lo e, se possível, destruí-lo. Como o ódio é uma das emoções mais fortes e o fascismo é essencialmente uma ideologia emocional, usando os sentimentos para mobilizar as massas, essa sua característica fez todo o sentido.

Outros movimentos e grupos cultivaram e cultivam o ódio sem serem fascistas, então é visível que esse não é o elemento central para definir o fascismo. Mas ele é um diferencial de peso para separá-lo de outros movimentos e associações: a cultura fascista está impregnada da desconfiança da diferença e da necessidade de afrontar o que é visto como mal e negativo com todas as armas disponíveis, inclusive, e talvez até preferencialmente, pela destruição física desse mal e de todos os que o representam.

Esse traço, na verdade, é um dos elementos que permaneceram com mais força quando refletimos sobre o pensamento fascista após 1945 e mesmo no século XXI. Até 1945, o fascismo era um projeto de poder, de Estado e de sociedade, mesmo que com variações conforme o país e o continente. Depois de 1945, os partidos e grupos que ainda se identificavam com o fascismo tiveram que se reciclar e muitos elementos do projeto fascista original se perderam. Ficaram, contudo, o anticomunismo, a visão da nação como decadente e o ódio ao "outro".

* * *

Delimitados os principais aspectos do fascismo, torna-se mais simples entender onde ele se situa dentro do universo da política e como ele foi capaz de se adaptar a múltiplas realidades e, até mesmo, a diferentes épocas.

O mundo político pós-1789 se caracteriza pela oposição entre uma perspectiva de direita e uma de esquerda. A direita aceita ou até valoriza a desigualdade e a hierarquia, e se divide em subculturas, dentro de uma perspectiva concêntrica, a partir da sua valoração da liberdade. Ou seja, dentro da cultura política da direita, existe um campo democrático (os liberais direitistas, por exemplo) e um autoritário, que recusa justamente o sistema liberal-democrático. Dentro do campo autoritário, por sua vez, há os que se limitam a defender soluções de força para manter a sociedade do jeito que ela é (caso de muitos conservadores); já outros vão além, propondo uma reorganização social mais ampla e radical, com a adição de elementos, como visões conspiracionistas, a história sendo a luta entre o bem e o mal etc. Estes últimos pertencem à "direita radical" ou "extrema direita", dentro da qual temos desde os que procuram restaurar um passado mítico, como os reacionários, até os que se adaptaram à modernidade capitalista e democrática, mas negando-a, como os fascistas.

Os fascistas, com efeito, negam o mundo moderno e tudo o que eles identificam como os seus males (o liberalismo, a esquerda, a decadência da nação e dos valores), e apresentam, como alternativa, a proposta de uma nova sociedade e de um novo Estado. Movido por uma pretensão totalitária, de controle o mais amplo possível da sociedade, o projeto de poder fascista compreende um líder carismático, um partido único capaz de mobilizar as massas, habitualmente pelo ódio, e um Estado que regule o capitalismo (mas sem eliminá-lo), especialmente pela via corporativa. Simultaneamente, o fascismo tem uma perspectiva imperialista e de valorização da guerra e da violência: a expansão imperial seria a prova da renovação nacional e, ao mesmo tempo, colaboraria para que ela se mantivesse.

O fascismo é, na verdade, um todo contraditório. Prega a revolução, mas dentro de uma perspectiva contrarrevolucionária. Apresenta uma proposta de união de todos e valores comunitários, mas mantém o capitalismo e a sociedade de classes. Defende a ascensão de uma nova elite, mas faz acordos com as forças tradicionais. Despreza os valores cristãos, mas faz acordos com as instituições religiosas que os defendem. Estimula a participação feminina e dos trabalhadores na esfera política, mas em posição subordinada e controlada. Considera que seu modelo de Estado é superior ao liberal, mas acaba por construir uma estrutura caótica e pouco eficiente. Tais contradições, contudo, não fazem dele algo disfuncional ou inoperante. É um projeto de poder que tem uma lógica interna e aplicabilidade, tanto que foi visto como uma possibilidade real por muitas pessoas em vários países e continentes, especialmente nos anos 1920 a 1940, e mesmo no século XXI.

OS ESTÁGIOS DO FASCISMO

O fascismo, no entanto, não é só ideologia, mas também prática. Com efeito, quando uma ideologia, um conjunto de ideias e propostas, se expressa no mundo real, ela deve se adaptar para fazer sentido. Isso aconteceu com o liberalismo, com o comunismo, com o socialismo e várias outras propostas políticas. Além disso, nenhuma doutrina ou movimento político é estático ou vive isolado do mundo ao seu redor. Há diálogos e contatos com outros movimentos e grupos e com a sociedade como um todo, e a transformação é algo contínuo: no decorrer do tempo, as coisas se alteram e qualquer comparação tem que levar em conta o tempo, o fato de as coisas mudarem e continuarem iguais no decorrer da história.

No caso do fascismo, isso não foi diferente. Cabe, portanto, discutir questões fundamentais, como a sua relação com o contexto histórico mais amplo de sua época, suas bases sociais, os diálogos e as hibridizações com outras forças políticas, a diferença entre movimentos e regimes, a tensão entre o nacional e o transnacional e a questão cultural, entre outras. Dessa forma, teremos um quadro mais real e efetivo do que foi o fascismo em perspectiva histórica. O objetivo, portanto, agora é sair do que o fascismo imaginava ou dizia ser para a discussão do que ele foi ou conseguiu efetivamente se tornar.

Para essa tarefa, é de interesse o trabalho do historiador Robert Paxton (1932-). Ele considera que o fascismo segue, em linhas gerais, uma trajetória marcada por 5 estágios: (1) exploração intelectual, quando grupos ou indivíduos desiludidos com o liberalismo e a esquerda se manifestam em favor da "regeneração nacional"; (2) criação de um movimento ou partido, o qual adquire raízes na sociedade e se torna um ator relevante na política nacional; (3) a chegada ao poder, através do convite de grupos conservadores receosos com o crescimento da esquerda; (4) exercício do poder em um regime, quando o partido e o líder controlam o Estado, mas em disputa e aliança com as forças tradicionais; (5) radicalização ou entropia, quando o regime se torna crescentemente radical ou abandona quaisquer perspectivas de radicalismo e se converte em uma ditadura autoritária comum. Eu acrescentaria um sexto estágio, do neofascismo após 1945, que completa um modelo útil para entender a evolução política e social de dezenas de grupos e movimentos fascistas que se espalharam pelo mundo, especialmente durante o entreguerras.

* * *

O primeiro estágio do fascismo é a sua construção intelectual e a fundação do movimento. Muitos movimentos fascistas nunca superaram essa fase embrionária e inicial, com um grupo de homens geralmente já próximos à direita, quase sempre escritores e intelectuais, que se reuniam em cervejarias, cafés e redações de jornais para discutir os problemas do seu tempo, a fim de procurar alternativas para as grandes questões do seu país e do mundo. Esses intelectuais podiam tanto pensar no fascismo como solução desde o início (especialmente, como seria óbvio, depois que o primeiro regime fascista, o italiano, já havia se consolidado e servia de exemplo) como conceber soluções autoritárias para a sociedade que convergiriam para o fascismo em um momento posterior. Esses intelectuais, muitas vezes, publicavam livros ou mesmo tomavam a iniciativa de fundar revistas e jornais para debater os problemas e difundir o fascismo. Não foi incomum que, após um primeiro esforço nessa direção, alguns deles desanimassem e abandonassem a atividade política, por não sentirem recepção na sociedade. Muitos também recuaram da sua aproximação inicial ao fascismo e voltaram aos círculos conservadores ou católicos de onde tinham vindo. Essa situação foi bastante comum, por exemplo, em vários países da Europa Oriental e da América de língua espanhola. De qualquer modo, essa fase é a de fermentação intelectual, de debates e questionamentos.

A segunda fase ocorria quando um movimento político era criado com base nessas ideias. Curiosamente, os intelectuais que haviam liderado o debate de ideias na fase anterior eram, muitas vezes, nesse momento, eclipsados por líderes carismáticos, bem mais capazes de galvanizar adeptos e difundir as propostas do movimento, ficando em posições subordinadas. Houve exceções, como Plínio Salgado no Brasil, mas o mais comum era que os líderes desses movimentos utilizassem o debate intelectual anterior para se lançarem politicamente, deixando os próprios intelectuais em segundo plano. Foi o que aconteceu com Adolf Hitler, Benito Mussolini, Jorge González von Marées e outros. É esse o momento em que os fascistas lançam seus manifestos e declarações, como o Manifesto de Outubro de 1932 do integralismo brasileiro; o programa intitulado *The Greater Britain*, lançado pelos fascistas britânicos no mesmo ano; ou o *Manifesto dei Fasci Italiani di Combattimento*, de 1919.

Cabe aqui a diferenciação entre movimentos e partidos fascistas, e discutir como eles imaginavam conquistar o poder. Dada a sua aversão ao sistema democrático, é compreensível que os fascistas não se organizassem, no início da sua trajetória política, como partidos no sentido liberal do termo, para a conquista de votos e cadeiras no Parlamento. Eles enfatizavam a violência e a conquista do poder pela força, o que explica por que preferiam se organizar em movimentos políticos; e por que a maioria deles preferia utilizar, em seus nomes, termos como "Ação", "União", "Guarda" ou "Falange", que remetiam à ação direta.

Logo, contudo, ficou evidente para esses movimentos que não eram capazes de dar um golpe de Estado. Suas milícias eram úteis em brigas de rua, na intimidação dos adversários e na criação de um clima de caos na sociedade. Ao usarem a força para dissolver greves, destruir sindicatos e assassinar militantes de esquerda, eles também conseguiram chamar a atenção de setores da elite que se sentiam incomodados com essa esquerda. No entanto, as milícias não tinham condições de tomar o poder, especialmente se as Forças Armadas e a polícia continuassem fiéis ao poder constituído. As "Marchas" fascistas nunca levaram seus adeptos ao comando do Estado. Em Dublin e Paris (1934), Munique (1923) e em vários outros locais, elas foram ignoradas ou reprimidas pelo Estado. e mesmo a Marcha sobre Roma de Mussolini só aconteceu porque o Estado italiano assim o permitiu. As tentativas fascistas de conquistar o comando do Estado através de golpes de Estado sem o apoio de outras forças também fracassaram, e os fascistas foram reprimidos pelo Exército e pela polícia, como aconteceu, por exemplo, em Viena, em Dublin e em Lisboa, em 1934; no Rio de Janeiro, Bucareste e Santiago, em 1938; e em Lima, em 1939.

Dessa maneira, restavam aos fascistas duas alternativas para a chegada ao poder: a composição com outras forças da direita e a via eleitoral, parlamentar. Esta última via era, como visto, execrada pelos fascistas, mas acabou sendo a seguida por eles, já que a opção da força não era praticamente viável. Alguns movimentos fascistas imaginaram chegar ao poder dessa forma, utilizando, depois, a própria democracia para destruí-la. A maioria deles, contudo, tinha consciência de que isso era pouco provável, mas percebiam que o único modo de adquirirem prestígio e poder político e se tornarem um ator relevante, de forma a serem notados pelas forças conservadoras, era conquistando votos e cadeiras no Parlamento. Os movimentos, a partir dessa constatação, tornam-se partidos e se engajam em disputas eleitorais, com resultados variados, em todos os países.

A transformação em um partido de massas é um momento crucial na trajetória dos fascismos. Na tentativa, alguns movimentos não conseguiram atingir uma base social mais ampla e perderam relevância; muitos se dissolveram logo a seguir. Outros, no entanto, foram capazes de crescer de forma relevante e se tornaram de fato partidos com um substancial número de militantes uniformizados percorrendo as ruas e um ainda maior de apoiadores. Também é nesse momento que os fascistas se tornam, ao menos em alguns países, forças eleitorais, conquistando um número apreciável de cadeiras nos Parlamentos, nas Assembleias regionais e em outros espaços.

Esse estágio teve variações significativas de país para país, e esteve permeado por idas e vindas. No caso italiano, o fascismo conseguiu se tornar uma força eleitoral apreciável apenas nas eleições de 1924, quando ele já estava no governo e, no alemão, apenas a partir de 1932. Em locais como a Irlanda, o Canadá e a Noruega, entre tantos outros, os fascismos locais tiveram redução no número de seus militantes e eleitores já em meados dos anos 1930. Em outros países, como o Brasil, os resultados eleitorais dos fascistas locais se tornaram irrelevantes quando os governos desses lugares instalaram ditaduras que eliminaram o sistema democrático. Em resumo, não houve uma direção sempre ascendente na aceitação popular, como proclamado pelos próprios fascistas, nem sempre a maior popularidade significava de fato poder.

Mesmo assim, conseguir expandir os horizontes do partido para além de uma base social limitada era crucial para que o fascismo pudesse ser notado e para que seus líderes fossem levados a sério. Em todos os locais onde o fascismo se tornou um ator político, houve essa passagem de um movimento barulhento, mas formado por apenas um grupo reduzido de pessoas, para um partido de massas, com expressão social. Uma das questões mais difíceis de responder é por que isso aconteceu em alguns lugares e em outros não.

A violência foi arma fundamental. As milícias fascistas atacavam nas ruas as vozes dissidentes que poderiam dificultar o recrutamento de novos adeptos e eleitores, e intimidavam iniciativas contra o movimento. Além disso, a estética fascista conquistou muitas pessoas nas décadas de 1920 e 1930, nos mais diferentes países e contextos. As marchas de homens uniformizados (com camisas do preto fascista e do verde dos integralistas ao dourado dos mexicanos e ao azul dos falangistas espanhóis, entre outras), as bandeiras, os estandartes, as canções e os emblemas eram esteticamente atraentes e não há como negar seu papel em arregimentar pessoas.

Só isso, contudo, não bastava. Ter um líder carismático capaz de unificar o movimento e uma estética atraente, agir de forma violenta com os adversários e ter um financiamento consistente e apoio ao menos indireto do Estado eram elementos fundamentais para que o fascismo decolasse como partido de massas, mas não o suficiente.

Por que então o fascismo foi capaz de se tornar um movimento de massas em países como o Brasil, a Itália ou a Alemanha, mas não nos Estados Unidos, em Portugal, na Austrália ou na Suécia?

Elementos conjunturais talvez possam explicar. Um deles foi a presença, ou não, de um líder capaz de unificar as forças dispersas da direita radical. Basta recordar, pensando em dois países vizinhos e semelhantes, como foi importante, para o desenvolvimento do integralismo brasileiro, a capacidade de articulação de Plínio Salgado e como a falta de um líder com características semelhantes dificultou a criação de um fascismo argentino. Outro fator foi a presença de ex-combatentes da Primeira Guerra Mundial, imprescindível como base social do fascismo em vários países da Europa, mas não na América Latina ou naqueles europeus que tinham ficado neutros, como a Holanda, a Espanha ou a Dinamarca. Os efeitos da Crise de 1929 também não foram exatamente iguais em todos os países, sendo devastadores na Alemanha e muito sérios no Brasil ou na França, mas menos no Reino Unido, por exemplo.

Todos esses fatores são reais, mas a sua simples presença ou falta não respondem à questão de por que o fascismo se desenvolveu em alguns locais e em outros não. Em Portugal, havia um número expressivo de veteranos da Primeira Guerra Mundial, mas o fascismo não se desenvolveu por lá além de um certo ponto. Os Estados Unidos foram o país mais atingido pela crise mundial do capitalismo em 1929, sendo o Canadá também particularmente afetado, mas o fascismo não passou de um estágio embrionário nesses locais. Diante disso, a pergunta seguinte é se *questões estruturais*, de fundo, seriam capazes de explicar o sucesso ou o fracasso dos fascismos em lugares específicos.

Sociólogos, como Stein Larsen (1938-), tentaram criar modelos explicativos a partir da relação entre níveis de modernização e liberalismo. Em sociedades já muito modernizadas (ou seja, urbanas e industriais) e onde as tradições democráticas estavam consolidadas, o fascismo podia até existir, mas a própria força desse liberalismo limitaria o seu desenvolvimento. Seria o caso de países como os Estados Unidos, o Canadá e os escandinavos. Já em sociedades pouco modernizadas (rurais, com escassa vida urbana) e com tradições democráticas pouco densas, o fascismo não conseguiria sair do seu estágio inicial, como teria acontecido nos países andinos e da América Central e em boa parte da Europa Oriental. Por fim, em sociedades parcialmente modernizadas e democráticas, o fascismo teria probabilidades maiores de conquistar adeptos na população e se tornar uma força política de importância: eles seriam modernos o suficiente para que o fascismo pudesse existir, mas não liberais o bastante para conter o seu desenvolvimento. Seria o caso da Itália, da Alemanha, do Brasil e, em menor escala, do Peru, da Romênia e da Espanha, por exemplo.

Esse modelo de Larsen não é perfeito, até porque se baseia, em boa medida, em uma visão evolucionista da história, a caminhar inevitavelmente para a sociedade industrial, moderna, urbana e democrática. Ele é útil, contudo, ao indicar alguns pontos essenciais. O fascismo só pôde se desenvolver onde já existia uma sociedade civil minimamente organizada, urbana, consumidora de cultura e com desejo e possibilidade de se expressar politicamente, em um ambiente democrático. Em sociedades rurais e sob o firme controle de uma elite agrária ou militar, o fascismo dificilmente conseguiria nascer, muito menos ampliar sua força popular. Da mesma forma, é verdade que certos países tinham uma tradição liberal menos consolidada, e isso facilitou a difusão da mensagem fascista, o que pode explicar por que foi mais fácil para os fascistas conseguirem adeptos na Alemanha do que no Canadá, por exemplo. Portanto, é possível afirmar que o fascismo tem alguma relação com o grau de modernidade das sociedades, ainda que ela não seja absoluta nem perfeita.

O fascismo, regra geral, tinha uma base social bem delimitada, ou seja, a classe média urbana e os trabalhadores urbanos empobrecidos. No mundo rural, contudo, era mais comum a mensagem fascista atingir os camponeses e os pequenos proprietários, como em vários países da Europa Oriental e em partes da Alemanha, por exemplo, do que os trabalhadores assalariados. Os operários e os trabalhadores organizados, ainda que presentes na militância fascista, eram em geral mais resistentes e, habitualmente, só eram incorporados ao projeto fascista pela força, após a conquista do poder. De qualquer modo, apesar da variedade de casos e possibilidades, está claro que o fascismo era mais uma manifestação das cidades do que do campo, o que explica por que países predominantemente agrários tiveram fascismos menos expressivos, ainda que as exceções, como o caso romeno, tenham sido relevantes.

Outro elemento essencial para compreender o maior ou menor desenvolvimento do fascismo em um dado país é o posicionamento das classes dirigentes e das elites tradicionais. Sem a proteção desses grupos, a violência fascista, tão fundamental nos inícios do movimento, poderia ser controlada e, sem o seu financiamento, a efetividade da propaganda fascista seria muito menor. Convém recordar, por exemplo, como o apoio inicial, depois retirado, dos conservadores irlandeses deu gás ao fascismo de Eoin O'Duffy em 1933-4, e como sem o suporte quase imediato, ainda em 1931, do magnata da imprensa britânico visconde Rothermere a Mosley, o fascismo britânico dificilmente teria crescido. O apoio financeiro dos conservadores italianos a Mussolini também foi imprescindível para que seu partido conseguisse ampliar a sua base social já em 1920-1. Sem dinheiro e respaldo, é sempre difícil constituir e formar um partido de massas, e o fascismo só cresceu realmente, à parte outros fatores mencionados, onde e quando os ricos e poderosos decidiram apoiá-lo. Do mesmo modo, o fascismo só chegou ao poder através desse apoio.

Fundamental também, ainda pensando nas elites políticas tradicionais, a capacidade de elas oferecerem, a seus povos, esperança em um momento de crise profunda. Nos locais onde elas se limitaram a administrar a crise, usualmente repetindo a doutrina liberal, a utopia fascista tinha mais potencial de atingir as grandes massas trabalhadoras, já que oferecia uma resposta para seus desejos de mudança e apresentava uma solução para a crise. Já onde as elites tradicionais assumiram um papel de direção, indicando ao povo que havia um líder no comando e que a situação iria melhorar, o fascismo perdia apelo. Nenhum exemplo, nesse sentido, é melhor do que o do presidente Franklin Roosevelt, nos Estados Unidos.

O fascismo, portanto, cresceu e se desenvolveu, acima de tudo, no vácuo da liderança e, especialmente, na ausência de perspectivas. Sem a desesperança, o potencial fascista para crescimento seria muito menor do que seus líderes imaginavam. Para chegar ao poder, todavia, a aliança, bem como o apoio das forças tradicionais, foi crucial.

Como já explicado em detalhes nos capítulos "O fascismo italiano" e "O nazismo alemão", os fascistas não conquistaram o poder, por seus próprios meios, em nenhum país do mundo. Tanto na Itália como na Alemanha, Mussolini e Hitler foram convidados a assumir o cargo de primeiro-ministro pelas elites tradicionais. Eles não tomaram o poder pela força nem tiveram uma maioria parlamentar tão grande que tornasse inevitável a sua nomeação. O rei Vittorio Emanuele III e o presidente Hindenburg lhes solicitaram que formassem governos e, a partir dessa nomeação, eles foram aumentando seu controle do Estado e, por fim, formaram e passaram a liderar ditaduras. A grande diferença é que Mussolini precisou de anos para deixar de ser o primeiro-ministro e se tornar o *Duce*, enquanto Hitler se tornou o *Führer* com grande rapidez.

Os casos italiano e alemão, contudo, são a exceção. Durante a Segunda Guerra Mundial, alguns fascismos, como o holandês, o belga, o húngaro e o norueguês, conseguiram posições de poder nos seus países mediante o apoio das tropas alemãs que ocupavam seus respectivos países. Fascistas também conseguiram ocupar espaços e ganhar influência em regimes como o de Franco na Espanha, o de Vichy na França e outros, mas em posição subordinada às elites tradicionais.

Uma grande chave para explicar a chegada ou não do fascismo ao poder é a posição das elites tradicionais (econômicas, militares, religiosas e políticas) e dos movimentos conservadores. No período entreguerras, essas elites se sentiam ameaçadas pela agitação social, pelo espectro do comunismo e da ascensão da esquerda, pelo caos político etc. Sua consideração básica era de que a democracia liberal se revelava insuficiente para conter essas ameaças e, portanto, soluções de força teriam que ser encontradas. Na verdade, isso estava previsto na própria concepção do liberalismo clássico, tão conectado ao capitalismo: o maior direito de todos é o de propriedade. Se esse direito parecer ameaçado, a democracia pode ser suspensa ou eliminada por algum tempo até a situação se "normalizar". Trata-se de uma "válvula de segurança" das elites tradicionais que, depois do fim da Primeira Guerra Mundial e, especialmente, após a Crise de 1929, elas utilizaram sem pudor.

Cumpre ressaltar a diferença de resposta nesses dois momentos. Entre 1917 e 1922, no rescaldo da Primeira Guerra Mundial, houve um período de real agitação revolucionária em boa parte da Europa e das Américas. Nem todos esses movimentos queriam a revolução, a conquista violenta do poder, mas sua ação foi suficiente para despertar o temor das elites e engendrar reações. Tais reações foram basicamente de âmbito repressivo. Nos mais diferentes países, houve um reforço do aparato de vigilância e repressão policial, com a criação ou o fortalecimento de divisões de polícia política para espionar e enquadrar os movimentos de esquerda. Também se apelou a forças paramilitares, como os legionários de D'Annunzio e os fascistas na Itália, os *Freikorps* na Alemanha e inúmeros outros grupos, especialmente na Europa Oriental, para sufocar as dissidências e controlar as revoltas.

Outra reação bastante comum foi a criação de Ligas Nacionalistas para a defesa da ordem constituída. Essas ligas eram financiadas pelas elites e mobilizavam um público restrito, normalmente de classe média. Sua função era intimidar os adversários, dissolver greves ou movimentos populares pela força. Em alguns casos, elas também lançaram iniciativas para difundir o sentimento nacionalista entre os operários ou campanhas de "reconstrução da nação". Eram forças essencialmente contrarrevolucionárias, organizadas e ativadas para conter uma situação social considerada perigosa. Elas existiram, em diferentes formatos, no Brasil, na Argentina, no Chile, na França, na Espanha, na Austrália e em outros lugares, sempre agindo em defesa da ordem e da propriedade. Algumas, como as da Argentina e da França, continuaram ativas por toda a década de 1920 e mesmo posteriormente, mas a maioria delas se dissolveu quando uma situação considerada de normalidade foi restabelecida, por volta de 1923.

Isso indica a opção preferencial das elites: as ligas, os grupos paramilitares e o novo aparato do Estado cumpriam a função de manter a ordem constituída, mas estavam sob o firme controle delas e do próprio Estado. Muitos participantes tinham propostas revolucionárias em algum nível, mas eles foram utilizados e logo descartados, no máximo mantidos como uma "reserva para uma emergência". O fascismo, nesse contexto, era apenas uma entre outras opções e só na Itália ele foi escolhido como solução. Não é à toa que os inúmeros movimentos fascistas que surgiram copiando a experiência de Mussolini, entre 1919 e 1923, tenham, na sua maioria, se dissolvido ou perdido expressão logo a seguir, por falta de apoio. A primeira onda fascista praticamente se resumiu à Itália.

A segunda grande crise do período, a que se iniciou em 1929, foi muito mais intensa do que a anterior. Nesse momento, o capitalismo e o liberalismo pareciam condenados e a onda de mobilização popular, à esquerda e à direita, foi intensa. Foi nesse contexto que a segunda onda fascista se desenvolveu: Hitler assumiu o poder na Alemanha, e movimentos e partidos fascistas se espalharam pela Europa, pelas Américas e em outros locais.

No entanto, o fascismo, mais uma vez, não era a opção preferencial das elites. Na maior parte do mundo, o cenário mais comum foi de reforço do poder do Estado dentro da ordem liberal ou de rompimento com essa ordem em favor de uma ditadura, quase sempre militar ou com os militares em posição proeminente. Os Estados Unidos de Roosevelt chegaram a um nível nunca antes visto de intervenção estatal na economia e na sociedade, o que se repetiu, em graus diversos, na França, no Reino Unido, na Austrália, no Canadá e na Escandinávia, entre outros países, mas sem haver uma ruptura com o sistema democrático. Na América Latina, na Ásia independente, na Europa Oriental e na península ibérica, por sua vez, a resposta padrão foi a ditadura militar sob o comando de um general ou de um líder, que tinha o apoio das Forças Armadas e das elites tradicionais.

Os regimes dos tempos de crise podiam ser reformistas, como o governo de Franklin Roosevelt nos Estados Unidos, o de Lázaro Cárdenas no México ou a Frente Popular francesa; defensores de uma real modernização da sociedade (como o de Getúlio Vargas no Brasil ou a República Espanhola); ou estritamente conservadores, de preservação do que existia, como nas ditaduras militares na América Central e nos Bálcãs. Também podiam ser efetivamente revolucionários, como o da União Soviética de Joseph Stalin, ou até reacionários, como foi o de Portugal de Salazar. O que os unifica é a percepção de que as respostas liberais eram insuficientes; além disso, novas medidas teriam que ser adotadas para dar conta de uma crise sem precedentes.

O mais importante a observar, contudo, é que em praticamente todo o mundo, ainda que as respostas à crise do período entreguerras tenham sido diferentes, as elites tradicionais continuaram no comando, com a exceção óbvia da União Soviética. Por mais que elas sentissem que estavam sob ameaça, acharam que seriam capazes de dar conta da situação e manter seus privilégios sem precisar convocar o fascismo. Claro que setores das elites se aproximaram do fascismo, e alguns movimentos conservadores e reacionários também acabaram sendo atraídos pelo magnetismo e pela aura de novidade dos fascistas, mas esse não foi o padrão.

Algumas elites, especialmente as mais progressistas, nunca pensaram em uma aliança com o fascismo e descartaram essa possibilidade desde o início, apresentando, no lugar, alternativas para a crise que fizeram a atratividade da mensagem fascista enfraquecer. Talvez o caso mais emblemático seja o dos Estados Unidos. O país foi o epicentro da crise econômica mundial e tinha uma tradição enraizada de racismo, movimentos populistas de direita etc. Lá, contudo, o fascismo foi minoritário, já que não apenas a democracia americana parecia ser sólida, como porque, especialmente, o governo Roosevelt foi capaz de apresentar um programa alternativo, de viés progressista, para dar esperança e melhorar a vida da população.

Como a maior parte das elites conservadoras tendia a ver o fascismo como uma "reserva" para o caso de uma necessidade extrema ou um instrumento a ser utilizado e depois descartado, em alguns locais, os fascistas chegaram a ser incorporados na estrutura do novo Estado que surgia da destruição do anterior, por exemplo, na Espanha de Franco, para serem colocados de lado quando a emergência terminasse. Quando os fascistas tentavam se voltar contra essa situação, procuravam dar um golpe de Estado e acabavam derrotados.

Então, em vez de nos perguntarmos por que o fascismo não conquistou o poder em outros países além da Itália e da Alemanha, devemos nos questionar o contrário, ou seja, por que ele só o fez nesses locais. Como já indicado nos capítulos "O fascismo italiano" e "O nazismo alemão", é possível pensar em elementos mais estruturais para explicar por que o fascismo se desenvolveu mais nesses dois países e não em outros, como a força da crise econômica e social em ambos, em 1923 e 1933, ou a fragilidade dos Estados liberais italiano e alemão. Isso é correto, mas talvez valha pensar também na questão do *aprendizado*, por parte das elites, especialmente na década de 1930.

Com a consolidação do Estado fascista na Itália e a ascensão de Hitler na Alemanha, ficava evidente que o fascismo podia, potencialmente, reproduzir-se em todos os países ocidentais. Dessa maneira, ele era visto pelas elites tradicionais como um aliado potencial, mas também um risco. Estava evidente que compor com os fascistas era vantajoso, já que ele reprimia e controlava a agitação social tão temida pelas elites de uma forma que o Estado liberal não era capaz. No entanto, depois das experiências de Hitler e Mussolini, ficou claro que o fascismo não era tão facilmente descartável como se imaginava.

Desse modo, a maioria das elites optou por manter os fascistas a distância, preferindo, no seu lugar, ou um reforço do poder de intervenção do Estado liberal ou uma ditadura clássica, desmobilizadora, quase sempre sob o comando dos militares. Nos locais onde os fascistas eram pouco relevantes politicamente, essa opção não trazia grandes problemas, e os fascistas foram sendo colocados no ostracismo. Já nos países onde eles eram importantes demais para não serem levados em conta ou nos quais as elites hesitavam sobre sua capacidade em lidar sozinhas com a situação, eles foram trazidos para a órbita do poder, mas mantidos sob controle. Quando líderes, como Getúlio Vargas ou Francisco Franco, aceitaram trazer os fascistas para seu campo, eles sabiam os riscos que estavam correndo e trabalharam com cuidado para controlá-los e anulá-los assim que possível.

Os únicos lugares, portanto, em que os fascistas frustraram as expectativas de controle das elites tradicionais foram a Itália e a Alemanha.

Depois da conquista do poder, inicia-se um novo estágio, que a maioria não conseguiu atingir, na história dos fascismos. Nesse momento, o processo de diálogo tenso com os movimentos e os grupos conservadores e com as elites tradicionais não terminou quando os fascistas se apropriaram do comando do Estado e se consolidaram no poder. Pelo contrário, tal processo continuou e até mesmo se acelerou entre 1923 e 1943, na Itália, e entre 1933 e 1945, na Alemanha. Foi um braço de ferro entre os dois grupos. Por mais que houvesse interesses compartilhados, sendo o principal a derrota da esquerda e dos movimentos populares, as elites tradicionais tentavam reduzir o ativismo e as tendências radicais do fascismo ao mínimo, enquanto elementos dos partidos fascistas, agora no poder, tentavam expurgar e eliminar essas elites tradicionais do comando do Estado. Ao mesmo tempo, os partidos fascistas também se dividiam entre setores mais acomodados, mais inclinados a se aliar aos conservadores, e outros mais radicais, dispostos ao enfrentamento. Foi uma polarização entre um fascismo conservador e um revolucionário que marcou os movimentos e os partidos fascistas mesmo fora do poder, mas que se acelerou quando o Estado passou para o seu comando.

Com efeito, os movimentos fascistas que se constituíram em regime tiveram que conviver com um conflito extenso entre o líder, o partido e seus militantes (clamando por empregos, prestígio e o cumprimento das metas originais); as forças do Estado (como o Exército, a polícia, o sistema judiciário e a burocracia estatal); e as elites tradicionais (como a Igreja, a burguesia, a monarquia e outras). Isso levava o regime a um estado de caos, de divisões intensas que tendiam a paralisar a tomada de decisões, gerar grupos de interesses e uma confusão generalizada, só resolvida pelo poder absoluto do líder. E a "resolução" diferiu de contexto para contexto e conforme as condições históricas: o Estado predominou sobre o partido na Itália, com impulsos na direção contrária depois de 1935, enquanto o cenário oposto aconteceu na Alemanha, onde o partido nunca conseguiu reformatar completamente o Estado, mas adquiriu cada vez mais proeminência. O impacto da guerra, nesses casos, foi crucial: foi a Guerra da Etiópia e a invasão da URSS que abriu espaço para as pressões totalitárias crescerem na Itália e na Alemanha.

Mesmo em Estados onde os fascistas eram minoritários, o problema se manifestou: na França de Vichy, por exemplo, a pressão da guerra levou à criação de estruturas paralelas ao Estado com potencial totalitário, enquanto na Espanha a neutralidade na guerra permitiu a Franco colocar para escanteio a Falange, ainda que tolerando sua sobrevivência e absorvendo uma parte da sua estrutura e de seus militantes no regime. *O potencial de radicalização está em todos os fascismos, mas as condições históricas permitem ou não o seu florescimento, e a guerra é o maior elemento para facilitar ou estimular essa radicalização.*

Por isso é que os regimes fascistas ou onde os fascistas estiveram no poder junto a outras forças tenderam, historicamente, a se transformar em ditaduras conservadoras ou a se radicalizarem, caminhando para a autodestruição. No caso italiano, as forças da tradição deram um golpe em Mussolini em 1943 e o que sobrou do fascismo se radicalizou, tentando recuperar as bandeiras de 1919, na *Repubblica Sociale Italiana*. Na Alemanha, essas forças também esboçaram uma reação quando do golpe de Stauffenberg de 1944, mas foram derrotadas e o regime se radicalizou ainda mais, até a sua destruição em 1945. Na Espanha e em Portugal, o que havia de fascismo nas ditaduras de Franco e Salazar foi rapidamente eliminado após 1945. Radicalismo (e guerra) ou o retorno ao conservadorismo tradicional são, efetivamente, as tendências habituais do fascismo, ao menos no seu período clássico.

OS DIÁLOGOS E AS HIBRIDIZAÇÕES COM OUTRAS FORÇAS POLÍTICAS

A colaboração e o conflito com as forças tradicionais e com os movimentos conservadores são, portanto, a essência do fascismo como fenômeno político, a explicação para o seu sucesso ou o seu fracasso, para que ele conseguisse, ou não, pôr em prática o que a sua ideologia pregava. Na Itália e na Alemanha, como indicado nos capítulos "O fascismo italiano" e "O nazismo alemão", os movimentos conservadores foram absorvidos pelo fascismo até no aspecto formal, como mostra a entrada dos camisas azuis nacionalistas nas milícias fascistas em 1923 e dos *Stahlhelm* monarquistas na SA nazista em 1923. Já em países como Portugal, Hungria ou Romênia, as ditaduras conservadoras deixaram os fascistas à margem, dando-lhes espaço mínimo na estrutura do Estado.

Essa relação, contudo, nunca foi totalmente de rejeição ou de aprovação de polos perfeitamente delimitados. Como já indicado, os diálogos, as negociações e as idas e vindas foram uma constante no longo período do fascismo clássico, com resultados variáveis. Não era incomum, por exemplo, os fascistas retornarem para as fileiras conservadoras após o seu fracasso político, como aconteceu, com muitos fascistas colombianos ou irlandeses. Após 1945, aliás, esse movimento foi extremamente comum: vários fascistas que sobreviveram à guerra e que quiseram continuar na vida política se reciclaram como conservadores e católicos, e passaram a militar nesses grupos.

O cenário oposto também foi bastante comum. Movimentos e partidos podiam começar como uma liga nacionalista tradicional ou um movimento conservador e irem adquirindo tons cada vez mais fascistas, até o ponto de se assumirem como tais. Igualmente, alguns grupos dirigentes podiam olhar com interesse para certos aspectos do fascismo, mas sem cogitar reproduzir toda a experiência fascista em seus países. Isso poderia, contudo, se modificar conforme a conjuntura. Salazar e Franco, por exemplo, olharam com atenção o corporativismo, mas não pensaram em criar Estados fascistas em seus respectivos países, mas essa perspectiva poderia mudar rapidamente se os alemães vencessem a guerra. Caso a Alemanha tivesse vencido o conflito em 1945, é mais do que provável que muitas forças conservadoras ou da tradição caminhassem ainda mais para a órbita fascista. Isso indica, ainda uma vez, como o processo político não é estático, e que qualquer avaliação do que é o fascismo não pode se restringir ao que ele dizia ser, mas incluir, da mesma forma, o que ele foi capaz de fazer.

Outro hibridismo comum foi o de emular o fascismo em alguns aspectos, mas destituindo-os do seu sentido maior. Getúlio Vargas e Juan Domingo Perón, por exemplo, flertaram com o fascismo italiano nas décadas de 1930 e 1940, mas não estavam interessados na sua proposta totalitária. O que Vargas e Perón fizeram foi copiar do fascismo alguns elementos considerados adequados para os projetos de modernização da sociedade que propunham, como aspectos do corporativismo (essencialmente a legislação social) e o esforço para a incorporação das massas ao Estado, mas dentro do esqueleto de um Estado autoritário. Isso tanto é verdade que Vargas e Perón puderam reciclar seus projetos após o colapso do fascismo em 1945, recombinando o apelo às massas e a vontade de modernização com a democracia, no chamado *trabalhismo*.

Em certos casos, a hibridização entre conservadores e fascistas foi mais intensa, basta recordar alguns fatos. Na Espanha, apesar de a Falange ter sido colocada em posição secundária dentro do bloco de poder franquista, certos aspectos do seu pensamento e da sua prática política foram incorporados pelo franquismo, ao menos antes da derrota alemã em 1945 e da aliança espanhola com os Estados Unidos na década de 1950. Na Irlanda, conservadores e fascistas se fundiram em um partido único, o *Fine Gael*, para romperem logo depois, enquanto na Áustria o *Vaterländische Front* combinou de tal forma o fascismo italiano com o tradicionalismo católico que os historiadores ainda discutem qual deles predominou. A hibridização comprova como os fascistas pertenciam à tradição política da direita e, apesar de poderem absorver aspectos e questões da esquerda (como a tradição sindical, por exemplo), o fascismo pertence mesmo é à direita.

CONDIÇÕES HISTÓRICO-ESTRUTURAIS E O NEOFASCISMO

O fascismo teve um caráter conjuntural e que se relacionou, obviamente, com a crise europeia, e depois mundial, entre as duas guerras mundiais. Sem a crise gerada pela Primeira Guerra Mundial e sem o quase colapso do capitalismo e do liberalismo a partir de 1929, as perspectivas fascistas provavelmente não teriam tido maior repercussão e seus movimentos e líderes não teriam passado, por certo, de notas de rodapé na História.

Após a Segunda Guerra Mundial, a conjuntura mudou de maneira radical e o capitalismo entrou em uma nova fase, especialmente nos países centrais, de prosperidade e melhora das condições de vida. Nesse momento, o fascismo estava em baixa, desacreditado. Depois de 1945, grupos e partidos nostálgicos do fascismo ou que o reciclaram continuaram a existir nos mais diferentes países do mundo, mas raramente com grande expressão.

Nas últimas décadas, contudo, houve uma nova crise do sistema capitalista e do liberalismo. Com a ascensão das políticas neoliberais e a globalização, o pacto social construído após 1945 foi sendo rompido: direitos adquiridos foram sendo corroídos e o padrão médio de vida, especialmente nos países centrais, diminuiu. Pode-se mesmo dizer que a globalização ao estilo liberal promovida na Europa e nos Estados Unidos a partir, principalmente, dos anos 1980 levou ao enriquecimento de alguns, mas ao empobrecimento em massa daquela classe média, e também da classe trabalhadora, que havia crescido depois da guerra. Não espanta que sejam esses grupos os que mais se aproximam dos novos movimentos de direita radical.

Esses novos movimentos são fascistas? Essa é uma pergunta que tem atraído a atenção recentemente e as respostas não são consensuais. Se pensarmos em termos puramente de ideologia e programas, e focarmos os fascismos clássicos – com suas propostas corporativas, de partido único, com viés totalitário –, poucos movimentos mais atuais se classificariam como tal. Neofascismos que reciclam a herança fascista, mas mantendo alguns elementos-chave, como desprezo pela democracia e pela esquerda e a defesa da violência como forma de alterar a sociedade, provavelmente, poderiam ser colocados dentro do modelo geral do fascismo. Já outros movimentos da direita radical, como aqueles que defendem valores conservadores e religiosos e ainda ultraliberais, demonstram fascinação pelos militares e fidelidade ao Império Americano, como tantos na Europa e na América Latina, dificilmente poderiam ser considerados fascistas, ainda que as aproximações e as simpatias sejam evidentes.

O interessante, contudo, quando observamos o fascismo não apenas como ideologia, mas também como processo histórico e político, é perceber como as condições históricas que o definiram no seu momento clássico dificilmente se repetirão, mas podem se assemelhar. Neofascistas participam em pleno século XXI de governos em vários países, como na Itália, mas eles são obrigados a moderar suas propostas para serem aceitos no *establishment*. Do mesmo modo, populismos de direita radical, como os de Trump e Bolsonaro, tendem a ser cada vez mais comuns. Eles compartilham, com o fascismo clássico, algumas poucas propostas e, em especial, alguns valores, mas dificilmente poderiam ser chamados de fascistas.

No entanto, isso pode se alterar conforme as circunstâncias e, como aconteceu no entreguerras, a chave da questão é a capacidade popular e da esquerda em resistir e, acima de tudo, a postura das elites políticas e econômicas. Um populismo de direita, como o de Trump, pode se transformar em um movimento neofascista propriamente dito e se aproximar até mesmo do fascismo clássico, ainda que esta última opção pareça pouco provável. Na Europa, especialmente, as heranças do fascismo estão tão presentes que não é impossível um crescimento ainda maior, como tem acontecido na década de 2020, dos neofascistas ou a conversão de setores políticos e sociais inteiros a propostas fascistas.

O capitalismo e o liberalismo estão em crise, o que tende a levar as pessoas ao radicalismo. O fascismo, com suas posições nacionalistas e antiliberais, é uma resposta possível, mais uma vez, a ela. Ele, afinal, mobiliza paixões e apresenta alternativas para uma situação intolerável, a qual as elites e outros grupos não podem ou não querem resolver. O capitalismo não leva obrigatoriamente ao fascismo ou ao radicalismo político, mas a sua crise abre as portas para que as propostas fascistas tenham repercussão, ainda que adaptadas ao seu tempo. Nesse sentido, portanto, ele é estrutural ao capitalismo, ainda que seu triunfo não seja obrigatório.

Outro ponto fundamental na história do fascismo como ideologia e como processo político, com o qual tanto o fascismo clássico como suas manifestações pós-1945 têm que lidar, é o seu caráter nacionalista e internacionalista ao mesmo tempo. Essa é mais uma das contradições fascistas, que leva a tensões entre os diversos movimentos e grupos.

O FASCISMO COMO FENÔMENO TRANSNACIONAL

Uma das essências do fascismo, especialmente na sua fase clássica, é o seu nacionalismo agressivo e os seus sonhos imperiais. Um fascismo podia ter perspectivas concretas de criar um império ou apenas sonhar com ele; podia imaginar as fronteiras do seu Estado se expandindo ou se contentar em não ser absorvido pelos outros. Não existe a possibilidade, contudo, de um fascismo pacifista e sem sonhos imperiais, o que iria contra a sua própria lógica.

Em termos ideológicos, portanto, não deveria haver uma colaboração potencial entre fascistas e fascismos. Movimentos e grupos que se orgulhavam de não ter valores universais e que viam os vizinhos como o "outro" a ser eliminado e conquistado não poderiam ter aliados. Também não haveria sentido o fascismo difundir seus valores e ideias fora das suas fronteiras nacionais, até por puro egoísmo nacionalista. Se o fascismo era, em tese, uma doutrina de fortalecimento nacional, qual o sentido de o fascismo italiano ser difundido na França ou de o nazismo fazer propaganda sobre a superioridade da raça germânica na Dinamarca se o objetivo era conquistar esse país?

Na prática política, todavia, a situação não foi tão simples. Claro que esse potencial conflitivo esteve presente todo o tempo nas relações entre os fascismos e nunca foi superado plenamente. A Itália fascista, por exemplo, manteve uma desconfiança com relação à Alemanha nazista mesmo quando os dois países eram aliados; durante a Segunda Guerra Mundial, a Alemanha não teve pudores em colocar de lado os fascistas na França, na Dinamarca ou na Bélgica, dando nesses países o poder aos conservadores tradicionais, quando eles foram ocupados pelas tropas alemãs, pois considerou isso mais adequado para a estabilidade local.

Está claro, portanto, por que todos os esforços para criar um tipo de "Internacional Fascista" nos moldes das Internacionais Comunista ou Socialista falharam completamente. No caso da esquerda socialista ou comunista, os valores a serem defendidos eram universais e o apelo nacionalista era menos forte. Isso não significa que não houvesse tensões e atritos por questões nacionalistas e por disputas doutrinárias, mas eles eram mais administráveis do que no caso dos fascistas.

Mesmo assim, a questão do internacionalismo fascista não se resume à pura e simples competição e à impossibilidade de criar organismos supranacionais de coordenação. Um exame do universo fascista nos anos 1920 a 1940 revela uma intrincada rede de apoio mútuo e de solidariedade ideológica. Muito dinheiro saiu dos cofres alemães e, especialmente, italianos, para subsidiar movimentos e grupos fascistas ou simpatizantes nos mais diferentes países. Verbas de Roma deram apoio crucial aos fascismos britânico, espanhol e brasileiro, por exemplo. As redes de propaganda criadas pela Itália e pela Alemanha também difundiam de forma contínua não apenas a cultura dos seus países, mas também a sua ideologia, o que colaborou para fazer o fascismo conhecido em todo o mundo.

Essa colaboração entre os fascismos normalmente só funcionava quando um aceitava a supremacia do outro, como aconteceu na Europa ocupada pelos nazistas durante a Segunda Guerra Mundial, ou quando os interesses geopolíticos em disputa eram menores do que o interesse mútuo em combater a esquerda e outros inimigos comuns. Isso aconteceu, por exemplo, no Brasil, onde os fascistas italianos deram apoio inclusive financeiro ao integralismo, ainda que os dois movimentos disputassem a adesão dos descendentes de italianos ("brasileiros" ou "italianos"?) residentes no país. A questão foi deixada de lado em nome da colaboração, mas voltaria provavelmente à tona em algum momento.

Em resumo, ainda que o fascismo tivesse uma perspectiva internacionalista, todos os esforços para uma ação articulada entre os fascismos foram dificultados pelas contradições inerentes à ideologia fascista. A questão da hierarquização e da hegemonia sempre estava presente e a interferir nessas relações, obstaculizando especialmente os esforços de construção de organismos diretivos supranacionais.

Nesse sentido, é possível afirmar que o fascismo era uma prática social e política transnacional: defendiam-se valores comuns em um espaço e um tempo delimitados, o que permitia a circulação de ideias, pessoas, dinheiro, símbolos e mitos, bem como a formação de identidades e solidariedades transnacionais. Mas esse transnacionalismo era bloqueado pelo nacionalismo exacerbado e pela competição, o que é mais uma das contradições da ideologia e da prática política fascistas.

Considerações finais

O fascismo foi um filho do seu tempo. Ele seria inimaginável em sociedades anteriores à modernidade capitalista e liberal que transformou profundamente o mundo ocidental a partir do final do século XVIII, o que ajuda a explicar, aliás, por que ele foi um fenômeno que se manifestou, em essência, na Europa e nos locais onde a cultura e a prática política europeias estavam presentes com mais força, como no continente americano e na Austrália.

Foi realmente a modernidade capitalista e a democracia que geraram forças e processos impensáveis nos séculos anteriores, como a criação de sociedades cada vez mais urbanas e, acima de tudo, a presença de massas de trabalhadores vivendo longe da tradição e cada vez mais organizados e em busca de direitos. A pressão por ampliar a democracia, para romper os limites iniciais que a restringiam a uns poucos privilegiados, por direitos políticos, econômicos e sociais e, no limite, pela revolução se tornou algo presente na vida social e a grande questão passou a ser como lidar com ela. O problema de fundo era, na verdade, como lidar com as heranças da Revolução Francesa, de liberdade, igualdade e fraternidade. Surgem daí, como visto em detalhes no decorrer do livro, as duas dicotomias-chave da modernidade política, ou seja, esquerda *versus* direita e democracia *versus* ditadura.

O fascismo foi uma resposta, dentro do campo da direita, a esse problema, mas uma resposta adaptada ao século XX, especialmente ao mundo devastado do pós-Primeira Guerra Mundial. O fascismo, ao contrário dos conservadores e dos reacionários do século XIX, aceitou a inevitabilidade do mundo liberal, capitalista e burguês, mas se propôs a utilizar justamente os instrumentos da modernidade para eliminar dela o inaceitável dentro das antigas tradições da direita. A proposta fascista quer a reorganização da sociedade em um viés nacionalista agressivo e corporativo, mobilizando as massas através de um partido único e de um líder, pregando uma ideologia única que permeia a sociedade e exclui, e até elimina, os indesejáveis – militantes de esquerda, minorias nacionais ou raciais. Ela não elimina o capitalismo e reconhece que as massas chegaram ao cenário político para ficar, mas os disciplina e controla em favor de uma visão particular, com pretensões totalitárias, do que deveria ser a nação e, quase sempre, tendo a guerra como fim.

O grande dilema do fascismo é que ele é uma inovação dentro do campo da direita, mas uma inovação nem sempre bem-vinda dentro dela própria. Tradicionalmente, a direita, conservadora ou liberal, esteve no poder no mundo ocidental, e as elites que tradicionalmente comandavam o Estado e a sociedade – os grandes proprietários de terra, a burguesia industrial, os grandes comerciantes, o clero, a nobreza em alguns países, a alta cúpula do Estado e das Forças Armadas – disputavam continuamente poder e influência, mas concordavam em um ponto: as classes populares deveriam ser mantidas, o máximo possível, longe dos postos de comando da sociedade e do Estado. Já o fascismo, *grosso modo*, foi criado por intelectuais, membros da classe média e, na sua base, havia pessoas da classe média baixa, trabalhadores urbanos, veteranos de guerra e, em alguns casos, camponeses.

Isso abria uma contradição, da qual o fascismo nunca conseguiu fugir. As elites, em alguns locais, viram nele uma alternativa para, por meio da violência, manter as hierarquias sociais e superar uma situação

O fascismo sobrevive como uma influência direta ou indireta em movimentos da direita radical e através de uma cultura particular, violenta e excludente, que ainda circula em muitas sociedades. Existem ainda, como existiram desde 1945, movimentos e partidos que se identificam com valores e perspectivas do fascismo do entreguerras e que chamo de neofascistas, porque mesmo eles têm que se adaptar a uma nova época. A experiência histórica central do fascismo, contudo, foi no entreguerras do século XX, terminando com morte e destruição, implícitas no seu ideário desde o início.

de crise ou uma instabilidade potencialmente perigosa. Ao mesmo tempo, elas olhavam para as propostas fascistas considerando-as perigosas, pois a mobilização popular sempre podia sair do controle, e temiam perder seu poder e sua influência para os recém-chegados. Os fascistas, por sua vez, quase sempre invejavam a posição dessas elites e se sentiam no direito de substituí-las, mas sabiam não ter o poder econômico, político, cultural e militar para tanto. Isso levou ao quadro ambíguo, de aliança e oposição com outros setores da direita, que marcou a história do fascismo nos mais diferentes países e levou a resultados muito diversos em termos de poder político. A aliança, contudo, predominou na maior parte do tempo, o que explica, aliás, por que os historiadores têm tantas dificuldades para identificar e separar os conservadores e os reacionários dos fascistas nos mais diferentes países do mundo, do México à França, do Brasil à Grécia. Ou por que era tão fácil hibridizar movimentos ou transitar de um para o outro, do conservadorismo para o fascismo e vice-versa, conforme as circunstâncias.

O fato de o fascismo ser uma expressão da direita radical, mas pertencente a uma família política mais ampla, ajuda a explicar a sua capacidade de sobrevivência. Nos anos entre as guerras mundiais, ele se adaptou a inúmeros contextos, e teve a possibilidade e/ou capacidade de crescer e, em alguns locais, ser uma alternativa política real. O fascismo era, naqueles anos, em que pese a sua multiplicidade, um projeto estruturado com uma ideologia definida, uma prática política adaptável a diversas realidades, bem como uma ampla rede de relações entre os vários movimentos e com os outros grupos e partidos do campo da direita. Depois de 1945, o fascismo se tornou uma opção não mais aceitável no mundo ocidental e os seus remanescentes caíram no ostracismo.

A direita, no entanto, continuou a ser uma das balizas da política moderna, junto da esquerda, e isso deu espaço para que certos aspectos do fascismo continuassem a sobreviver, já que eram comuns a essa família. Esses aspectos, no século XXI, transmutaram-se em um populismo de direita que tem traços em comum com o fascismo, inclusive porque se desenvolve, ainda uma vez, na esteira da crise do sistema liberal e da incapacidade deste em resolver os problemas do novo estágio do capitalismo, com destaque para a questão da desigualdade. Não é, contudo, exatamente igual a ele, ainda que possa muito bem caminhar, se as condições o permitirem, para um fascismo reciclado, um neofascismo propriamente dito.

Sugestões de leitura

BERNARDO, João. *Labirintos do fascismo*. São Paulo: Hedra, 2022. 6 v.
BERTONHA, João Fábio. *Integralismo*: problemas, perspectivas e questões historiográficas. Maringá: Eduem, 2014.
_____. *O fascismo e os imigrantes italianos no Brasil*. Porto Alegre: Edipucrs, 2017.
_____. *Fascismo e antifascismo italianos*: ensaios. Caxias do Sul: EDUCS, 2017.
_____. *Plínio Salgado*: biografia política (1895-1975). São Paulo: Edusp, 2018.
_____. *A Legião Parini*: o regime fascista, os emigrantes italianos e a Guerra da Etiópia (1935-1936). Maringá: Eduem, 2021.
_____. *Diálogos latinos*: os fascismos na América Latina e no Canadá. Marília: Lutas Anticapital, 2023.
_____. *O integralismo e o mundo*: comparações, percepções e diálogos transnacionais. Maringá: Edições Diálogos, 2024.
_____. *O fascismo em uniforme*: soldados, milicianos e voluntários nas guerras fascistas, 1935-1945. Maringá: Eduem, 2025.
_____; ATHAIDES, Rafael. *O nazismo e as comunidades alemãs no exterior*: o caso da América Latina. Maringá: Edições Diálogos, 2021.
_____; BOHOSLAVSKY, Ernesto. *Circule pela direita*: percepções, redes e contatos entre as direitas sul-americanas, 1917-1973. Maringá: Eduem, 2023.
BLINKHORN, Martin. *Mussolini e a Itália fascista*. São Paulo: Paz e Terra, 2010.
BOSWORTH, Richard J. *Mussolini*: a biografia definitiva. Rio de Janeiro: Globo Livros, 2023.
CALDEIRA NETO, Odilon. *Sob o signo do sigma*: integralismo, neointegralismo e o antissemitismo. Maringá: Eduem, 2014.
COSTA PINTO, António. *A América Latina na era do fascismo*. Porto Alegre: Edipucrs, 2022.
EVANS, RICHARD. *A chegada do Terceiro Reich*. São Paulo: Crítica, 2017.
_____. *O Terceiro Reich no poder*. São Paulo: Crítica, 2017.
_____. *O Terceiro Reich em guerra*. São Paulo: Crítica, 2017.
KERSHAW, Ian. *Hitler*. São Paulo: Companhia das Letras, 2010.
MANN, Michael. *Fascistas*. Rio de Janeiro: Record, 2008.
PARADA, Mauricio. *Fascismos*: conceitos e experiências. Rio de Janeiro: Mauad, 2008.
PAXTON, Robert O. *A anatomia do fascismo*. São Paulo: Paz e Terra, 2007.
RENTON, David. *Fascismo*: história e teoria. São Paulo: Usina Editorial, 2024.
TRINDADE, Hélgio. *A tentação fascista no Brasil*: imaginário de dirigentes e militantes integralistas. Porto Alegre: Editora da UFRGS, 2016.

GRÁFICA PAYM
Tel. [11] 4392-3344
paym@graficapaym.com.br